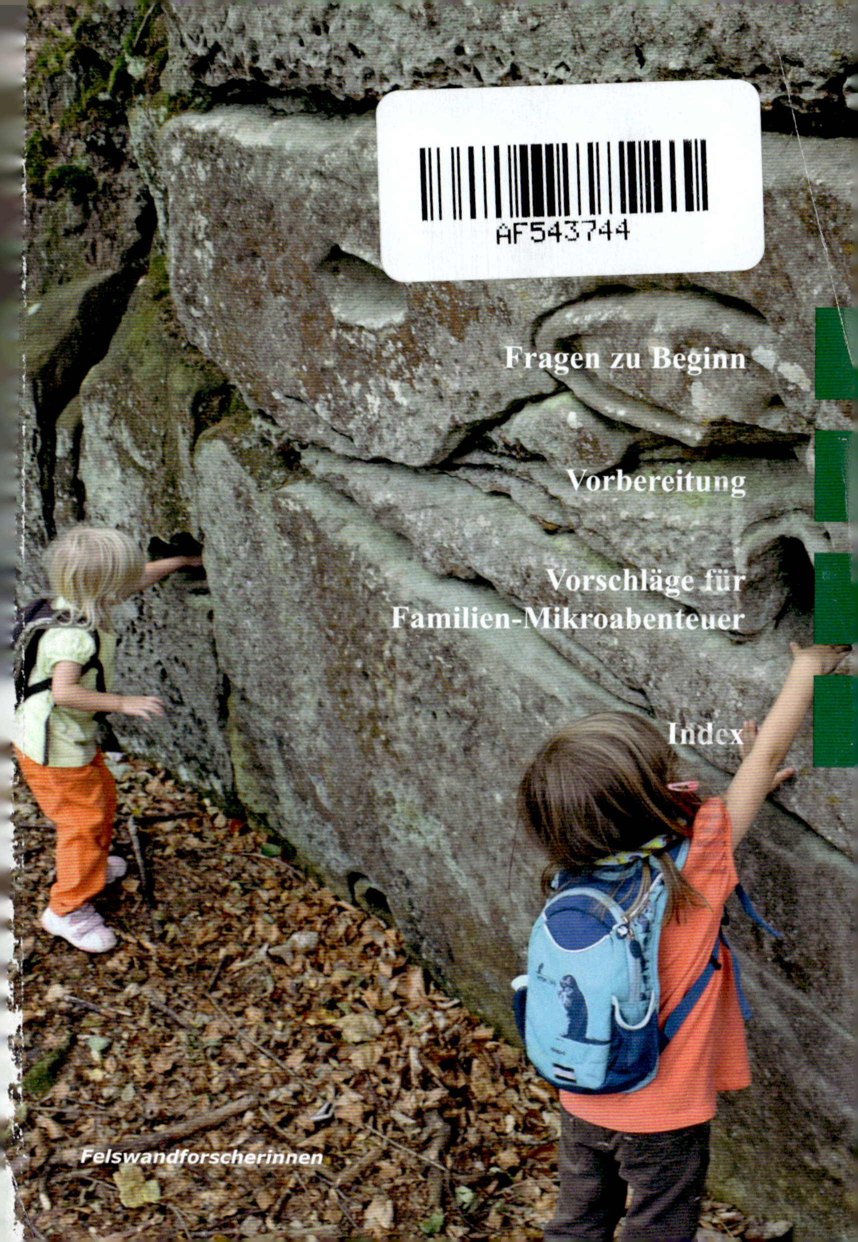

Felswandforscherinnen

AF543744

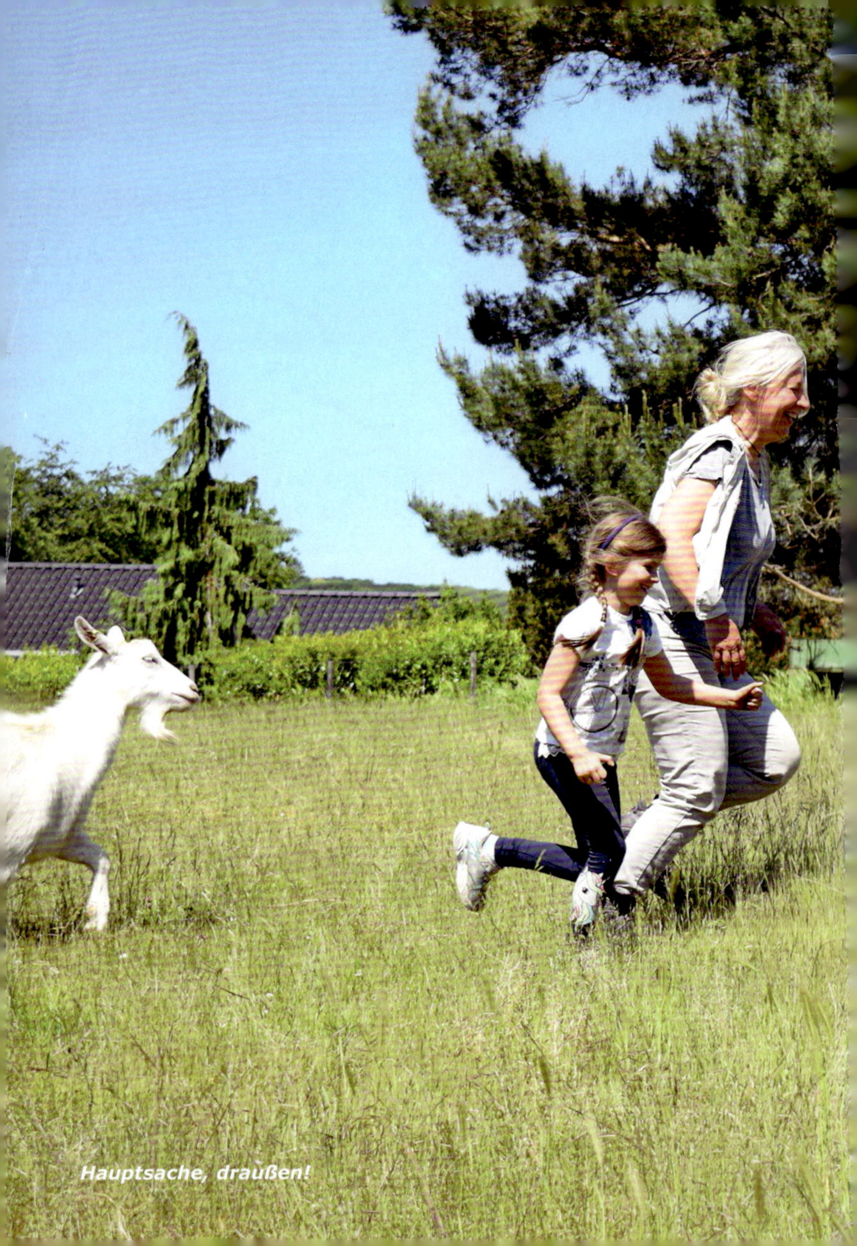

Hauptsache, draußen!

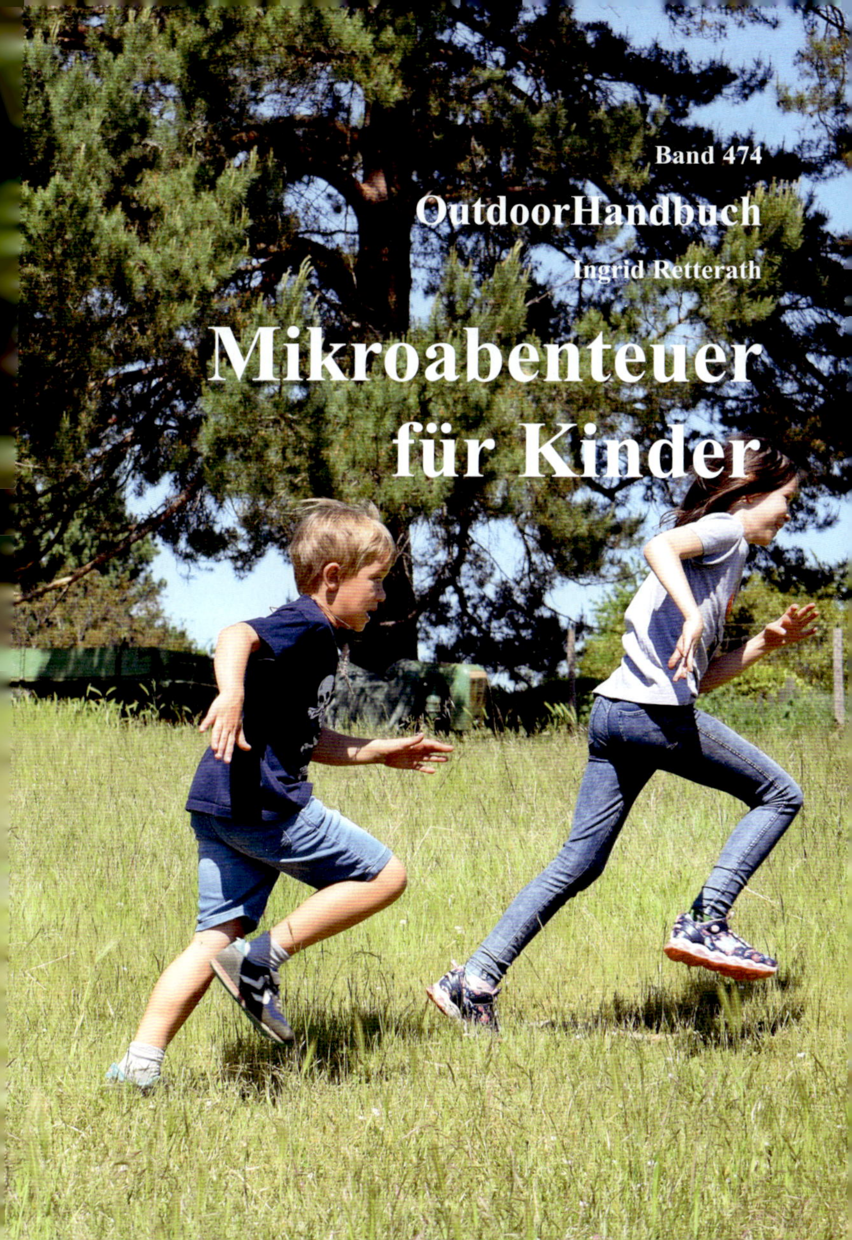
Band 474
OutdoorHandbuch
Ingrid Retterath
Mikroabenteuer
für Kinder

Mikroabenteuer für Kinder

Copyright Conrad Stein Verlag GmbH.
Alle Rechte vorbehalten.

Der Nachdruck, die Übersetzung, die Entnahme von Abbildungen, Karten, Symbolen, die Wiedergabe auf fotomechanischem Wege (z. B. Fotokopie) sowie die Verwertung auf elektronischen Datenträgern, die Einspeicherung in Medien wie Internet (auch auszugsweise) sind ohne vorherige schriftliche Genehmigung des Verlages unzulässig und strafbar.

Alle Informationen, schriftlich und zeichnerisch, wurden nach bestem Wissen zusammengestellt und überprüft. Sie waren korrekt zum Zeitpunkt der Recherche. Eine Garantie für den Inhalt, z. B. die immerwährende Richtigkeit von Preisen, Adressen, Telefonnummern sowie Internetadressen, Zeit- und sonstigen Angaben, kann naturgemäß von Verlag und Autorin – auch im Sinne der Produkthaftung – nicht übernommen werden.

Der Autorin und der Verlag sind für Lesertipps und Verbesserungen (besonders per E-Mail) unter Angabe der Auflagen- und Seitennummer dankbar.

Dieses OutdoorHandbuch hat 160 Seiten mit 75 farbigen Abbildungen. Es wurde auf chlorfrei gebleichtem, FSC®-zertifiziertem Papier gedruckt, in Deutschland klimaneutral hergestellt und transportiert und wegen der größeren Strapazierfähigkeit mit PUR-Kleber gebunden.

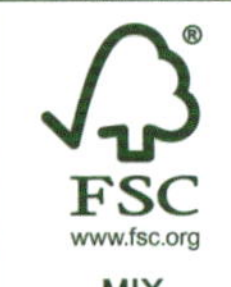

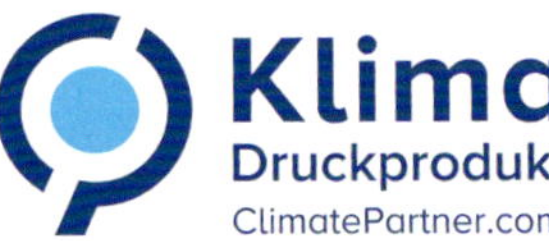

Dieses Buch ist im Buchhandel und in Outdoor-Läden erhältlich und kann im Internet oder direkt beim Verlag bestellt werden.

OutdoorHandbuch aus der Reihe „Basiswissen für draußen", Band 474

ISBN 978-3-86686-691-1 1. Auflage 2021

© Basiswissen für draussen, Der Weg ist das Ziel und FernwehSchmöker sind urheberrechtlich geschützte Reihennamen für Bücher des Conrad Stein Verlags

Text: Ingrid Retterath
Fotos: Ingrid Retterath, falls nicht anders angegeben
Lektorat: Anna-Lena Ebner
Layout: Alexandra Sauerland

Gesamtherstellung: gutenberg beuys feindruckerei

Dieses OutdoorHandbuch wurde konzipiert und redaktionell erstellt vom:

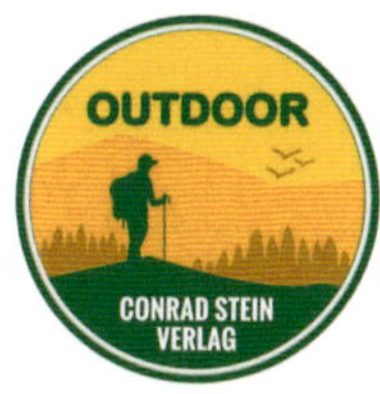

Conrad Stein Verlag GmbH, Kiefernstr. 6, 59514 Welver,
☏ 023 84/96 39 12,
info@conrad-stein-verlag.de,
www.conrad-stein-verlag.de

Besuchen Sie uns bei Facebook & Instagram:

www.facebook.com/outdoorverlag

www.instagram.com/outdoorverlag

Titelfoto: Auch ein Mikroabenteuer: Tiertrekking, Seite 100

Inhalt

Vorwort

„Auf ins Abenteuer!" – das ist der Ruf meiner Kinder, wenn wir in eines unserer Mikroabenteuer starten. Wir wissen alle vorher nicht, was wir am Ende erlebt haben werden. Nicht alles gelingt uns. Wir fallen in Bäche, verirren uns, rennen durch Hagelschauer und müssen uns nach der Rückkehr gegenseitig Baumharz aus den Haaren schneiden. Eins steht aber immer fest: Besser als Fernsehen oder Hausarbeit ist es allemal!

Lange bevor es die Begriffe „Microadventure" und „Mikroabenteuer" gab, waren kleine Fluchten aus dem Alltag sehr wichtig für mich. Wenn alles bis ins letzte Detail geplant, durchgetaktet und organisiert ist, werde ich unzufrieden. Ich benötige Freiraum für Neugier und Improvisation. Zum Glück geht es meinen Kindern genauso. Alle drei sind gerne im Wald und ziehen einen zünftigen Abend am Lagerfeuer jedem Indoorspielplatz vor. Die Große sagt mir sogar Wanderungen ab, wenn die Sonne scheint, und wartet auf einen Tag mit Regen und Wildwetter. Überraschend oft beginnt unser Spaß genau da, wo unsere Komfortzone endet.

Dieses Büchlein richtet sich an alle, die gerne mehr Zeit außerhalb ihrer eigenen vier Wände verbringen wollen. Dabei spielt es keine Rolle, wie weit und wie lange ihr euch von zu Hause entfernt. Hauptsache ist, dass es Spaß macht.

Ich wünsche viele aufregende, lustige, atemberaubende, lehrreiche, schmuddelige, spannende und klatschnasse Abenteuerchen.

Ingrid Retterath

Mikroabenteuer sind Abenteuer. Es liegt in der Natur des Abenteuers, dass nicht alles nach Plan läuft und vorhergesehen werden kann. Bei Abenteuern muss damit gerechnet werden, dass etwas schiefgeht. Wir bitten daher um Verständnis dafür, dass weder der Verlag noch die Autorin für Unfälle, Verletzungen oder andere Schäden haften, die bei Ihrem ganz persönlichen Familienabenteuer geschehen.

Fragen zu Beginn

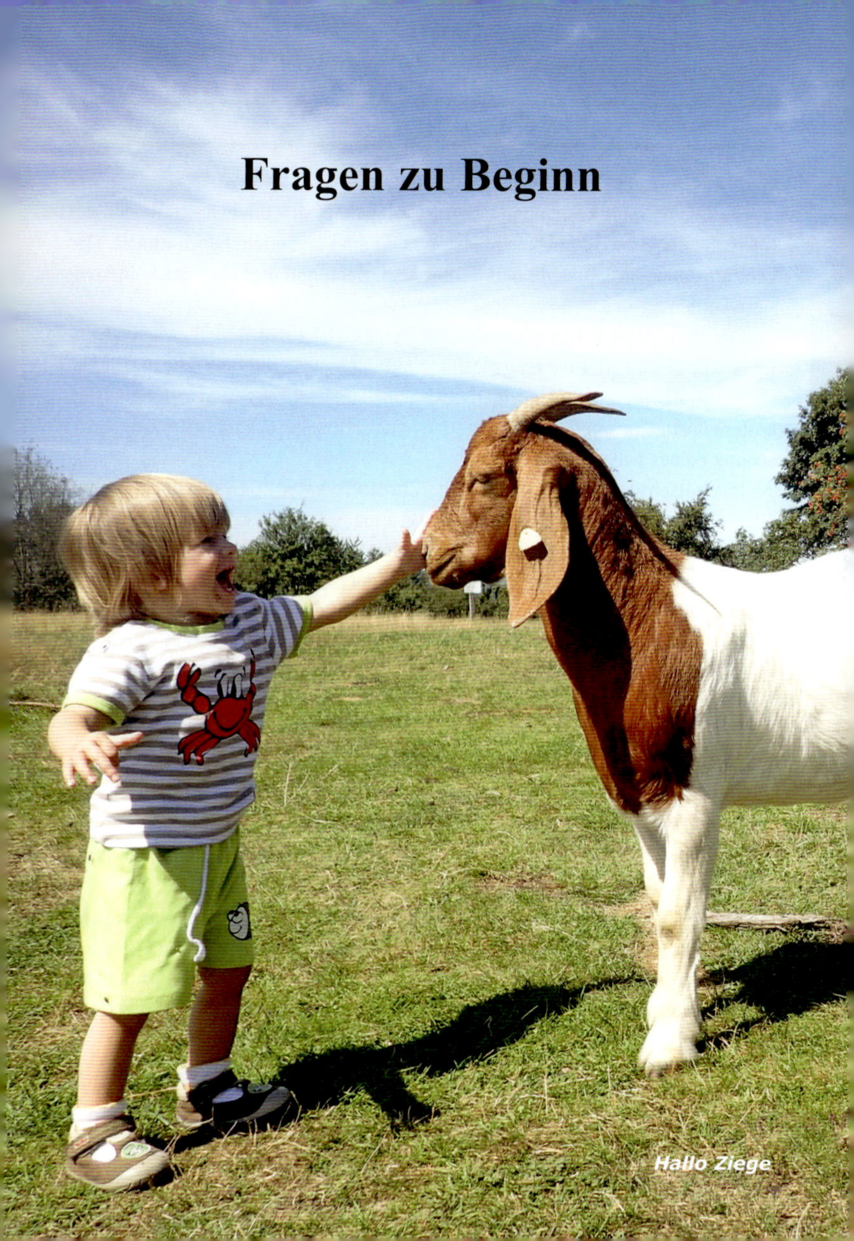

Hallo Ziege

Was sind Mikroabenteuer?

Ganz im Wortsinn sind es winzige Abenteuer.

Sie sollten wenig kosten und Überraschungen mit sich bringen. Zu Beginn des Mikroabenteuers steht noch nicht fest, was ihr am Ende erlebt haben werdet. Das geht nur, wenn ihr neugierig und flexibel seid, denn mitunter muss auch improvisiert werden.

Der Brite **Alastair Humphreys** prägte bereits 2014 den Begriff „Microadventures". Er beantwortet die Eingangsfrage mit: „It's close to home, cheap, simple, short and 100 % guaranteed to refresh your life." (dt. „Es ist vor der Haustür, kostengünstig, unkompliziert, kurz und eine 100%ige Garantie für eine Erfrischung deines Lebens.")

Im deutschsprachigen Raum brachte **Christo Foerster** 2018 das Buch „Mikroabenteuer" heraus. In seiner Facebookgruppe schreibt er: „Für mich ist ein Mikroabenteuer ein Abenteuer, das wenig Zeit, Geld und Planung erfordert. Aber ein Mikroabenteuer ist eben auch ein Abenteuer – und das bedeutet für mich: Raus aus der Komfortzone (was nicht automatisch gleich höher, schneller, weiter heißt), neue Wege gehen und akzeptieren, dass ich nicht genau weiß, wie es am Ende ausgeht."

Was macht ein Mikroabenteuer aus?

Ein Mikroabenteuer ist weder Ausflug noch Familienwanderung noch Freizeitsport! Diese sind vorhersehbar und werden gerne so straff durchgeplant, dass die freizeitstressgeplagten Eltern schon drängeln, wenn eines der Kinder einer Waldameisenstraße folgt oder einen glänzenden Käfer beobachtet.

Das erste wichtige Unterscheidungsmerkmal ist deshalb die **Zeitplanung**. Auf sie kann bei vielen Mikroabenteuern ganz verzichtet werden oder es gibt nur einen Endpunkt, an dem das Abenteuerteam den Heimweg antritt. Unterwegs lasst ihr euch viel Zeit, um eure Umgebung genau zu betrachten und das Unerwartete zu erkennen. Das macht letztendlich das Mikroabenteuer aus.

Also: Zeit lassen – das Abenteuer genießen!

Bei einem Mikroabenteuer solltet ihr außerdem eure **Komfortzone** verlassen und das Unvorhersehbare einplanen. Komfortzonen sind sehr individuell. Für den erfahrenen Abenteurer Christo Foerster muss ein Mikroabenteuer zwischen 8 und 72 Stunden dauern und er benutzt weder Auto noch Flugzeug. Ist eine Nacht dabei, verbringt er sie draußen ohne Zelt. Andere Mikroabenteurer sind ausschließlich allein unterwegs, lehnen jede Hilfe ab, zahlen keinen Cent oder schließen alle Transportmittel aus, bei denen sie sich nicht mit eigener Muskelkraft bewegen. Jeder legt seine eigenen Regeln fest, die an die eigenen Bedürfnisse angepasst sind. Hauptsache ist, dass ihr eure Komfortzone verlasst und eine abenteuerliche Zeit habt.

Also: Raus aus der Komfortzone – rein ins Abenteuer!

Viele eurer Mikroabenteuer werden anderen unspektakulär vorkommen. Das ist vollkommen okay. Es geht weder um Instagram-taugliche Abenteuerfotos noch um Angebereien vor Freunden. Euer Ziel sollte es sein, Neues auszuprobieren und eure Umgebung bewusster wahrzunehmen.

Also: Die Meinung anderer ist egal – nur ihr seid wichtig.

Mikroabenteuer für Kinder?

Ist das nicht zu gefährlich? Darf ich ganz ehrlich sein? Ja, es kann gefährlich werden. Aber das passiert nach meiner Erfahrung nur, wenn die Beteiligten unerfahren sind und kein Gefühl für Gefahren haben. Deshalb enthält dieses Buch genaue Anleitungen und weist auf mögliche Gefahren hin. Ihr werdet sehen: Je häufiger ihr ein Mikroabenteuer unternehmt, desto besser könnt ihr die Gefahren einschätzen.

Wichtig ist stets, offen zu sein, auf die Ängste aller einzugehen und aufeinander aufzupassen. Genau das unterscheidet ein Mikroabenteuer von einer Mutprobe. Mikroabenteurer gehen bis an ihre Grenzen und verlassen ihre Komfortzone, aber bringen sich und ihr Team niemals absichtlich in Gefahr. Stets soll es beim hellwachen Erleben und dem angenehmen Kitzel der Aufregung bleiben, der immer noch Raum für Entdeckerfreude und Neugier lässt. Schon kleine Kinder können genau formulieren, wann ihre Grenzen erreicht sind. Wer jemals mit einem höhenkranken Zweimetermann auf einer 23 m hohen Aussichtsplattform gestanden hat, kann sich die Erleichterung aller vorstellen, als seine fünfjährige Tochter ihn sanft aufforderte, die Augen zu schließen und ihn an der Hand hinabführte. Sobald jemand vor Angst in Schockstarre fällt, seid ihr einen Schritt zu weit gegangen. Geht einen anderen Weg! Vielleicht ist dieser sogar das größere Abenteuer.

Was sind die Voraussetzungen?

Wichtigste Voraussetzung ist die **Freiwilligkeit**. Wenn auch nur ein Familienmitglied gegen seinen Willen mitgeschleppt wurde, kann es kaum für alle schön werden. Überzeugt den Skeptiker, geht auf seine Vorbehalte ein, auch Überreden ist erlaubt. Aber bitte nicht zwingen.

Ansonsten gibt es bei den meisten Mikroabenteuern gar keine besonderen Voraussetzungen. Sollten bestimmte Fähigkeiten, Fertigkeiten oder Materialien erforderlich sein, sind sie bei den einzelnen Abenteuervorschlägen angegeben.

Was sind die Folgen?

Zahlreiche Experten beschreiben die Auswirkungen von Mikroabenteuern auf die gesamte Persönlichkeit. Was eine solche kleine Auszeit bewirkt, ist natürlich von Mensch zu Mensch unterschiedlich. Fast jeder findet bei einem Mikroabenteuer genau das, was ihm im Einerlei des Alltags fehlt:

Abstand: Mit der Bewegung an der frischen Luft wandert, radelt, paddelt oder klettert ihr von euren Sorgen, Problemen und Stressoren weg. Vielleicht verlieren sie an Bedeutung, wenn sich die Perspektive darauf verändert.

Energie tanken: Weniger ist mehr! Bei einem Mikroabenteuer entkommt ihr dem reizüberfluteten Alltag. Das Plätschern eines Bachs, der sanfte Windzug auf der Haut und die unzähligen Grüntöne eines Mischwaldes lassen sich weder wegscrollen noch wegzappen – nur genießen.

Kreativität: Wenn es in einer schwierigen Situation nicht so weitergeht, wie es geplant war, entwickelt ein Team oft mehrere gute Lösungsmöglichkeiten, wenn es das reine Faktenwissen der Großen mit der Kreativität der Kleinen kombiniert.

Leben im Hier & Jetzt: Wer mit allen Sinnen ein Abenteuer erlebt, hat keine Gedanken an Vergangenes und Zukünftiges. So klappt das Abschalten prima und ihr könnt neue Gedanken fassen.

Ressourcen stärken: Unterwegs zeigt sich, welche Stärken, Talente, Fähigkeiten und Fertigkeiten die einzelnen Teammitglieder schon mitbringen. Sie zu kombinieren hilft allen durch das Abenteuer. Gleichzeitig schauen alle sich etwas von den Ressourcen der anderen ab. Von Mal zu Mal klappt die Orientierung, das Feuermachen oder die Lageeinschätzung besser und alle gehen mutiger, gelassener, humorvoller oder optimistischer auf die neuen Anforderungen zu.

Spaß: muss an erster Stelle stehen. Ein Abenteuer muss weder sinnvoll sein noch lehrreich. Kein Leistungsgedanke, kein Höher, Schneller, Weiter, kein Zeitdruck, keine Bewertung. Einfach nur Spaß!

Widerstandsfähigkeit: heute als Zungenbrecher namens Resilienz in aller Munde. Gemeint ist damit die Fähigkeit, auf Stress und Schicksalsschläge aktiv zu reagieren, statt an ihnen zu verzweifeln. Wer in vielen kleinen Mikroabenteuern gelernt hat, dass im Scheitern auch eine Chance auf eine neue Entwicklung liegt, kann daraus sogar Kraft schöpfen.

Zufriedenheit: Das Gefühl, ein Mikroabenteuer gemeistert zu haben, wirkt lange nach. Es macht zufrieden und baut Spannungen ab.

Wie lange dauert ein Mikroabenteuer?

Das legt ihr fest. Die meisten Mikroabenteuer dauern mehrere Stunden. Aber die Umarmung eines Baums ist in wenigen Sekunden erledigt, eine Hängebrücke ist in zwei Minuten überwunden und beim Stockbrotbacken seid ihr nach einer halben Stunde satt. Für eine Hängemattennacht braucht ihr die ganze Nacht und eine Bachwanderung kann mehrere Tage dauern.

Was kostet das?

Im Idealfall kostet das Mikroabenteuer keinen Cent. Doch das setzt eine gewisse Grundausstattung voraus, wenn ihr euch ein ganz spezielles Abenteuer vorgenommen habt. Bei manchen Mikroabenteuern solltet ihr euch einen Guide nehmen, bei anderen werden Fahrtkosten oder Eintrittsgelder fällig.

Wo sind Mikroabenteuer möglich?

Überall, es muss nur außerhalb der eigenen Komfortzone sein: direkt vor der eigenen Haustüre, in der Stadt, auf dem Land, im Wald, in den Bergen, an Flüssen, Bächen und Seen, am Meer, im Schnee, unter der Erde, in der Luft ...

Wie komme ich zum Startpunkt?

Nach der strengen Lehre einiger Mikroabenteurer nur mit eigener Muskelkraft, also zu Fuß, mit dem Rad, mit dem Kanu oder auf Schneeschuhen. Mit Kindern darf davon gerne abgewichen werden, damit das Abenteuer überhaupt möglich wird.

Vorbereitung

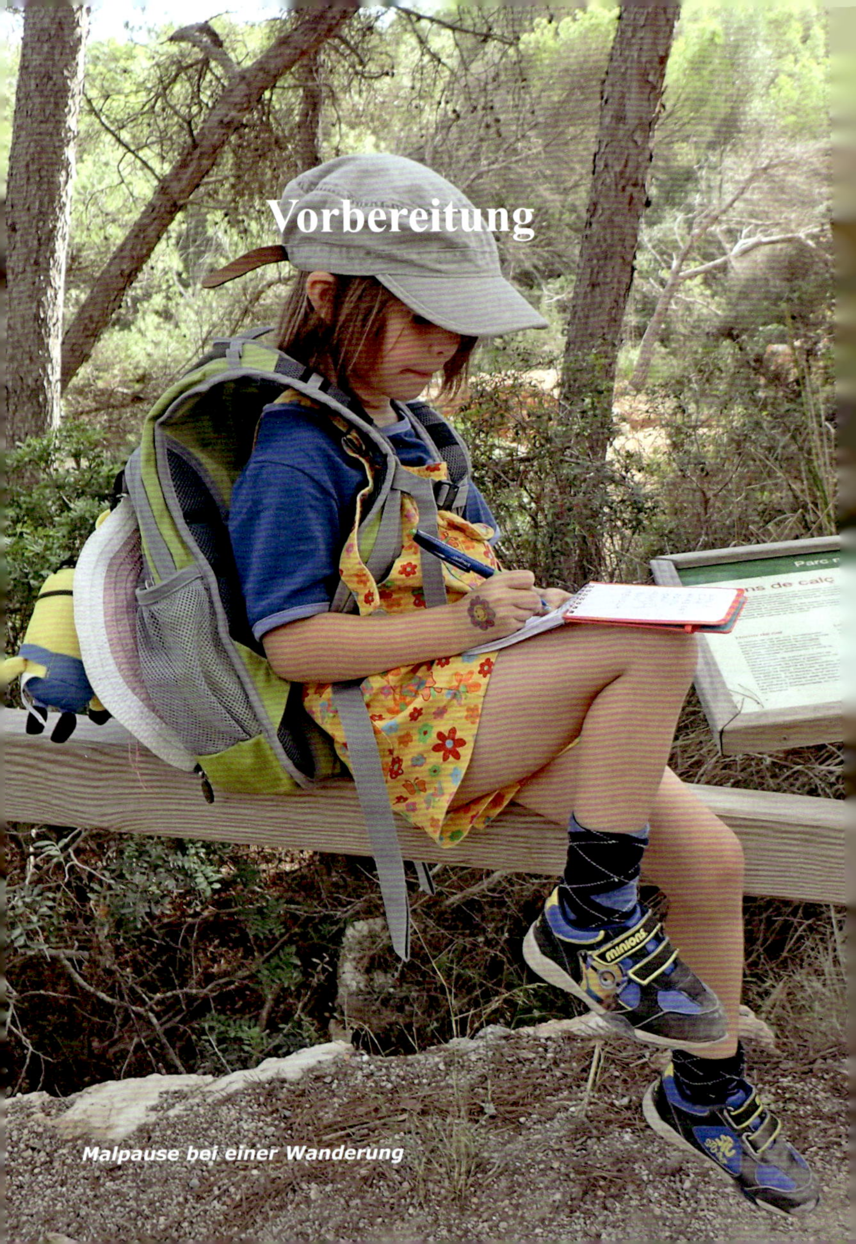

Malpause bei einer Wanderung

Auswahl des Abenteuers

Für den Anfang werdet ihr in der Vorschlagsliste ab Seite 19 genügend Ideen für ein Mikroabenteuer finden. Später entwickelt ihr bestimmt eigene Ideen, wie ihr ohne großen Aufwand an Zeit und Geld unvergessliche Abenteuer erleben könnt.

Sind meine Vorschläge zu schwierig für euch, versucht eine leichtere Variante. Seid ihr nicht genug gefordert, denkt euch einen höheren Schwierigkeitsgrad aus.

Rahmen besprechen

Es kann nützlich sein, über die Regeln zu sprechen, die in eurer Familie allgemein für jedes oder speziell für das bevorstehende Mikroabenteuer gelten sollen. Welche Hilfs- und Verkehrsmittel sind erlaubt? Wann endet das Abenteuer? Was könnten Gründe für einen Abbruch sein? Wie ist der Notfallplan? Wer übernimmt welche Aufgabe?

Ausrüstung

Ein fertig gepackter Rucksack ist nicht unbedingt nötig, aber viele Mikroabenteurer haben einen solchen direkt neben der Haustür stehen, um auch ganz spontan starten zu können. In eurem **Tagesrucksack** transportiert ihr alles, was ihr für euer Abenteuer benötigt. Hier ein paar Vorschläge: Personalausweise, Geld, Taschenlampe/Stirnlampe, Taschentücher, leichtes Handtuch, Streichhölzer/ Feuerzeug, Schreibblock, Stifte, Trillerpfeife, Kompass, Erste-Hilfe-Set, Rettungsdecke, Kamera, Taschenmesser/Schnitzmesser/Multitool, Regenschutz, Sonnenschutz, Insektenschutz, Kamera, Smartphone, Becherlupe, kleine Beutelchen für Fundstücke ... Die meisten Kinder gehen völlig in einem Abenteuer auf, auch wenn es durch Wasser oder Matsch führt. Also gehört auch **Wechselkleidung** ins Gepäck.

Beim **Proviant** ist neben Leckereien, die auch wirklich gerne gegessen werden, ausreichend Wasser wichtig. Und ein Müllbeutel für die Proviantabfälle.

Kleidung

Alle dürfen bei einem Mikroabenteuer anziehen, was sie am bequemsten finden. Es geht ja nicht zur Modenschau – außer ihr habt den Weg zum Bäcker als Mikroabenteuer „Laufsteg" geplant. Kleiner Tipp: Insekten lieben die Farbe Gelb, damit könnt ihr es bei einer Insektenbeobachtung etwas leichter haben, aber in der Pflaumenzeit auch ziemlich belästigt werden. Bei manchen Aktivitäten empfehlen sich feste Schuhe, um besseren Halt zu haben, und lange Hosen, ohne Zecken zurückzukehren. Je nach Witterung werdet ihr Jacken, Mützen, Handschuhe oder Sonnenhüte benötigen.

Kenntnisse, Fähigkeiten und Fertigkeiten

Für die meisten Mikroabenteuer benötigt ihr keine besonderen Kenntnisse, Fähigkeiten und Bushcraft-Fertigkeiten, wenn doch sind sie in der Beschreibung ausdrücklich genannt. Seid ihr fit beim Umgang mit Karte, Kompass, GPS, Schnitzmesser und Stirnlampe? Super! Wisst ihr schon einiges über Knoten, Wildkräuter, Wetter, Feuermachen, Trinkwassersuche und Outdoorkochen? Auch prima! Ansonsten sind das großartige Themen für eure nächsten Mikroabenteuer.

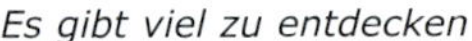

Es gibt viel zu entdecken

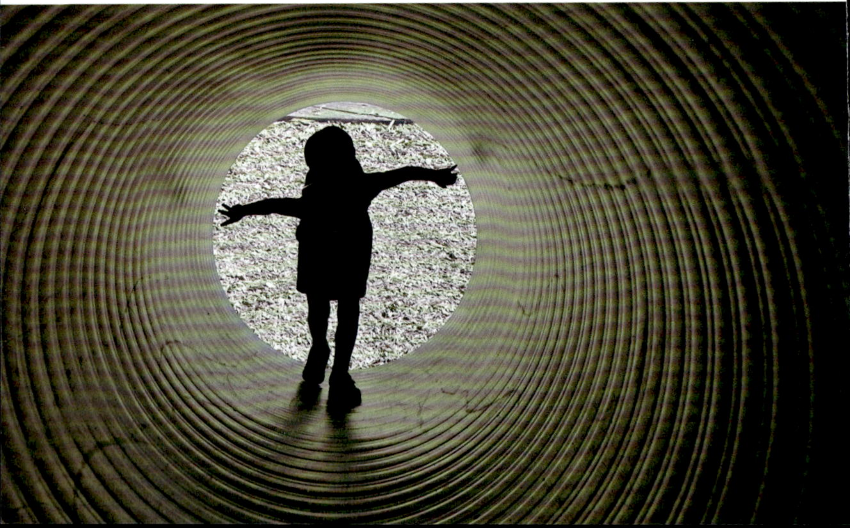

Literatur

Für Erwachsene gibt es drei dicke Standardwerke zum Thema Mikroabenteuer:

- Alastair Humphreys: Microadventures, Local Discoveries for Great Escapes (engl.). ISBN 978-0-00-754803-3, William Collins Books, 9. Aufl. 2020
- Christo Foerster: Mikroabenteuer – Das Praxisbuch (Raus und machen, Band 1). ISBN 978-3-95967-404-1, Harper Collins, 2019
- Frank Pratscher: be wild. Mikroabenteuer. 50 kleine Fluchten aus dem Alltag. Der Leitfaden. ISBN 978-3-613-50900-9, Pietsch Verlag, 2020

An Familien richten sich diese Bücher:

- Jana und Patrick Heck: Ausgebüxt! ISBN 978-3-89029-543-5, Malik Verlag, 2021. Mit ausführlichen Kapiteln zum Grundlagenwissen, Ausrüstungstipps und Rezepten für die Ausbüx-Küche
- Regina Stockmann, Stefanie Holtkamp, Johanna Kraus: Trekkingträume für Familien. ISBN 978-3-944378-25-1, Naturzeit Reiseverlag 2020. Trekking-Know-How für Familien und 25 konkrete Trekkingtouren in Deutschland, Frankreich, Norwegen und den Alpen
- Naomi Walmsley, Dan Westall: Wald – Dein größtes Abenteuer. ISBN 978-3-95843-884-2, Heel Verlag, 2019. Ein großartiges Basisbuch für Bushcraft, Naturbasteleien und Waldspiele

Notfallplan

Bei jedem Abenteuer kann etwas schiefgehen. Das lässt sich oft mit etwas Kreativität einfach ins Abenteuer einbauen. Aber es gibt auch echte Notsituationen, in denen schnelles Handeln gefragt ist. Wenn ihr denkbare Risiken schon im Vorfeld durchgespielt habt, könnt ihr im Notfall gelassener sein.

Vielleicht ist das eine eigene Idee für ein erstes Mikroabenteuer: Stellt euch vor, der einzige Erwachsene eurer Miniexpedition in einem unbekannten Gelände verletzt sich und kann nicht weitergehen. Die Kinder müssen Erste Hilfe leisten und Hilfe rufen.

Schon Kleinkinder sind dazu in der Lage, einen Notruf abzusetzen, wenn sie wissen, wie sie auf einem beliebigen Smartphone die Rettungsleitstelle anwählen.

Danach geben sie Antworten auf die sieben großen **W**:

- ▷ **Wer** ist am Telefon? (Name des anrufenden Kindes **mit** Nachnamen)
- ▷ **Wo** ist es passiert? (Adresse? Wegbeschreibung? Auffällige Gebäude, Felsformationen, Straßen ... in der Nähe? Koordinate auf dem GPS?)
- ▷ **Was** ist passiert? (Unfallbeschreibung und bereits eingeleitete Sofortmaßnahmen)
- ▷ **Wie viele** Personen sind verletzt?
- ▷ **Welche** Verletzungen?
- ▷ **Wann** ist es passiert? (Nicht immer ist ein Notruf sofort möglich, z. B. in einem Funkloch.)
- ▷ **Warten** auf Rückfragen! (Nicht auflegen! Die Leitstelle notiert die Rückrufnummer, hilft bei weiteren Sofortmaßnahmen und beruhigt euch am Telefon.)

Traut euch was! In meinen Übungsstunden im Jugendrotkreuz haben bereits die Kleinsten ein Unfallopfer beruhigt und Fünfjährige einen Erwachsenen in die Seiten- oder Schocklage bringen können. Jeder Grundschüler kann einen Druckverband anlegen. Wer noch nicht die Kraft für eine Herzdruckmassage hat, schnappt sich den nächsten Erwachsenen und singt ihm laut „Staying Alive" (Bee-Gees) vor, um die richtige Frequenz von 100-120 Schlägen pro Minute hinzubekommen. Genauso schnelle Lieder wie z. B. „Die Biene Maya" (Karel Gott) oder „Atemlos durch die Nacht" (Helene Fischer) gehen natürlich auch.

Rechtliches

Feuer machen ist ein echtes Abenteuer, darf aber nicht zu einem Waldbrand führen. Deshalb ist es in Naturschutzgebieten, Nationalparks und Mooren generell verboten, außerdem bei bestimmten Wetterlagen, besonders im Sommer.

In Deutschland darf in der freien Natur nicht gezeltet werden. Eine Übernachtung ohne Zelt, zum Beispiel im Schlafsack oder in der Hängematte, ist kein Zelten, sondern gilt als Lagern, sogar dann, wenn eine Plane oder ein Tarp darüber gespannt wird. Bitte dabei beachten, dass an manchen Stellen ausdrücklich das **Zelten und Lagern** verboten ist. In vielen Regionen gibt es dafür eigens angelegte Trekkingplätze für 1-2 Zelte. Vielleicht fragt ihr auch einen Bauern, ob er euch ein Eckchen seiner Weide zur Verfügung stellt.

Vorschläge für Familien-Mikroabenteuer

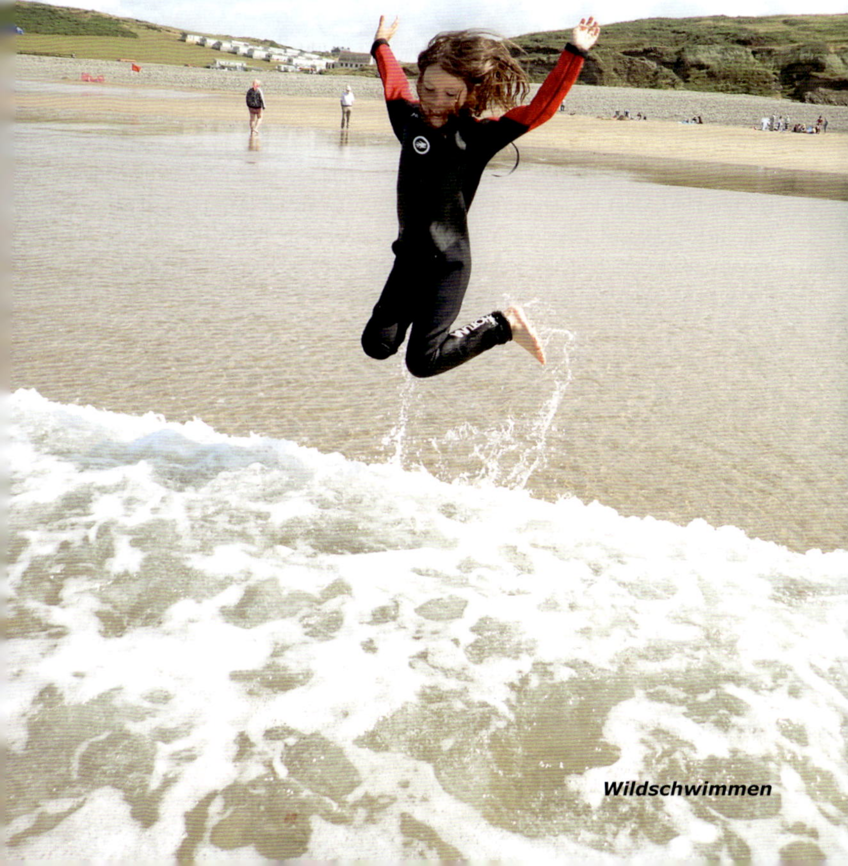

Wildschwimmen

Überall (sogar im eigenen Garten)

Barfußgehen

Barfußgehen ist gesund. Das ist aber fast schon Nebensache, denn es macht riesigen Spaß. Wenn ihr ohne Schuhe und Socken lauft, fühlt ihr euch der Natur viel näher. Wärmende Sonnenstrahlen kitzeln auf dem Fußrücken, kühler Matsch quillt zwischen den Zehen empor. Barfuß könnt ihr überall gehen, am schönsten ist es natürlich auf Wiesen und in Wäldern. Ein paar Schritte im Garten, ein paar Hundert Meter auf einem Barfußpfad oder sogar eine ganze Wanderung lang ist das möglich.

Barfußpark, Barfußparcours, Barfußpfad – es gibt viele Namen für das Gleiche: Auf einem Weg könnt ihr barfuß über ganz verschiedene Materialien gehen: Sand, Gras, Zweige, Kiesel, Schotter, Pflastersteine, Zapfen, Rindenmulch ...

Merkt ihr, wie sehr sich die Pflastersteine und das Holz in der Temperatur unterscheiden? Gefällt euch das massierende Gefühl von Kiefernzapfen unter dem Fußgewölbe? Mögt ihr lieber Kies oder Schotter? Wusstet ihr vorher schon, wie kühl sich taunasses Gras am Morgen (das nennt sich Tautreten) anfühlt? Am intensivsten ist das Erlebnis, wenn ihr euch mit geschlossenen Augen führen lasst und erratet, was ihr gerade unter den Füßen habt.

☺ zu Hause auf der Wiese und in der Sandkiste
☺ Barfußpfad oder Tautreten
☺ Barfußwanderung oder barfuß im Schnee

Abenteuerlustige: alle in der Familie
Zeit: wenige Minuten bis eine Stunde
Ausrüstung: Grundsätzlich ist keine besondere Ausrüstung nötig, aber je nach Beschaffenheit des Bodens und Wetter gehören ein nasser Waschlappen/Feuchttücher und ein Handtuch ins Gepäck.
Tipps & Tricks: Wenn ihr zwar das Gefühl von Barfußgehen mögt, aber euch nicht so schnell verletzten wollt, könnt ihr spezielle Barfußschuhe tragen.
Vorsicht: Bitte achtet beim Barfußgehen auf Scherben und Dornen.
Ideen für das nächste Abenteuer: Nun habt ihr Spuren im Matsch gemacht. Als nächstes könnt ihr die Spuren von Tieren im Matsch und im Schnee suchen.

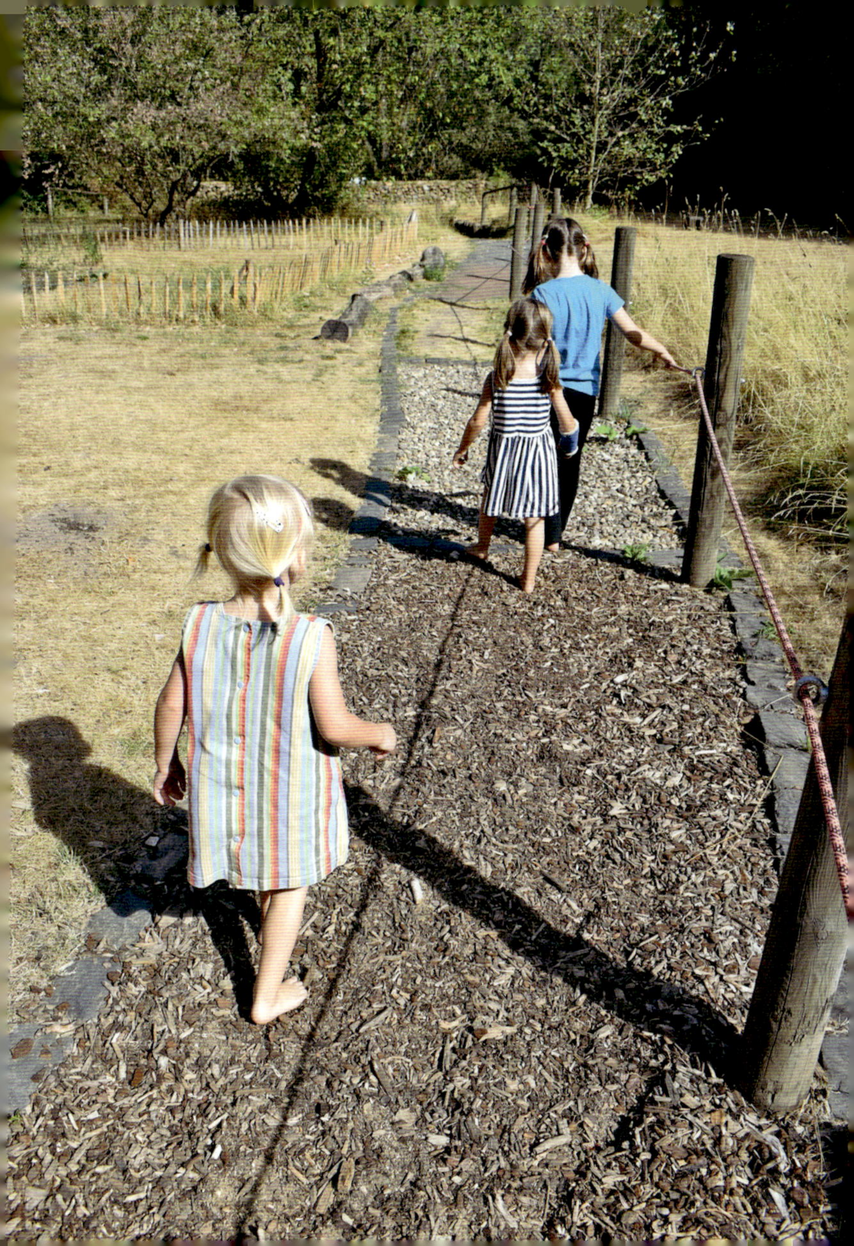

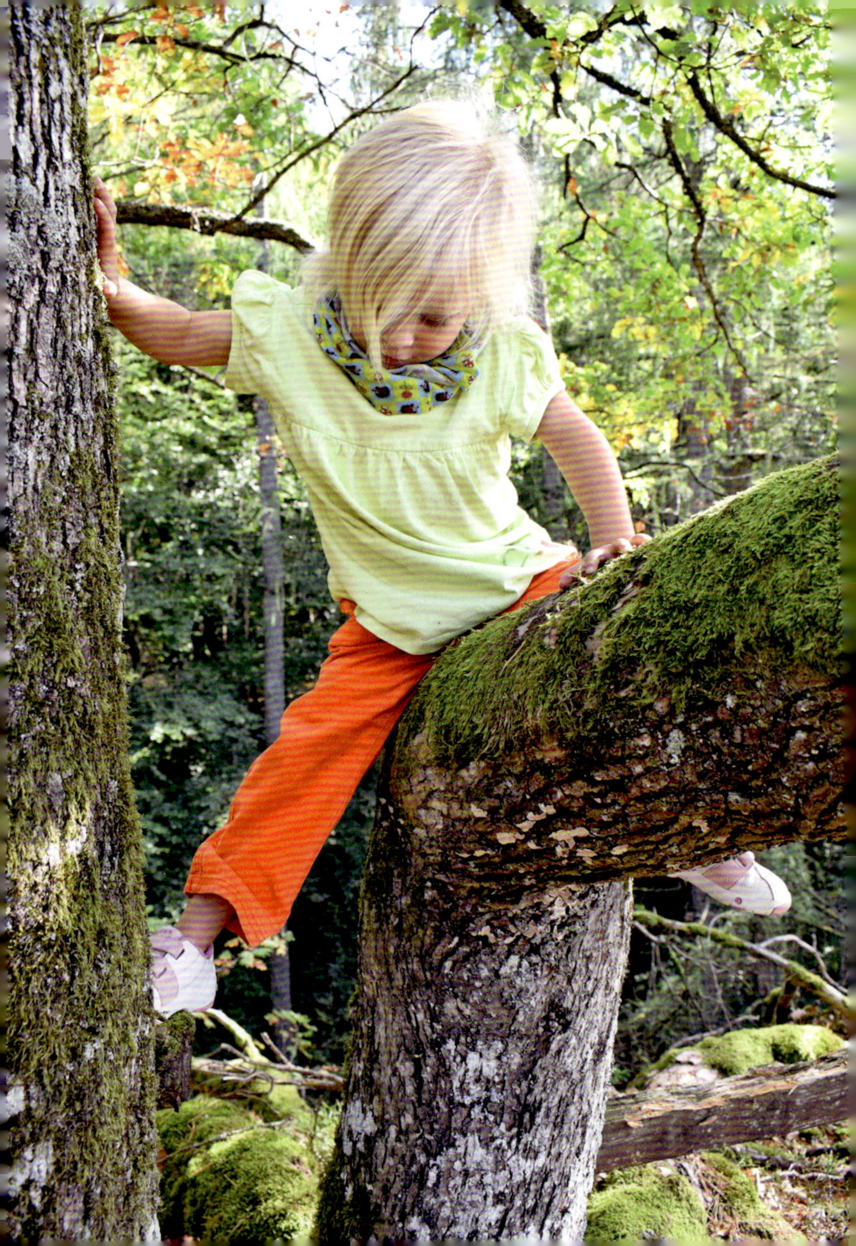

Baumklettern

Wenn ihr auf einen Baum klettert, könnt ihr die Welt aus einem ganz anderen Blickwinkel sehen. Sucht euch für den Anfang einen Baum aus, der unten viele stabile Äste hat. So könnt ihr – fast wie auf einer Leiter – einfach von Ast zu Ast steigen. So weit, wie ihr euch wagt. Es ist völlig in Ordnung, wenn das schon in Kopfhöhe eurer erwachsenen Begleiter ist.

Merkt ihr, wie die Äste weiter oben immer dünner und biegsamer werden? Das bedeutet, ihr habt euren höchsten Punkt erreicht. Wie ist die Aussicht da oben? Findet ihr vielleicht sogar in Augenhöhe eine Spechthöhle oder ein Vogelnest aus dem vergangenen Frühjahr?

Wenn die Knie weich werden, setzt euch auf einen stabilen Ast und umarmt dabei den Baumstamm. So könnt ihr Kraft für den Abstieg sammeln.

Besonders köstlich ist ein solches Abenteuer im Sommer, wenn die Kirschen und Pflaumen reif sind – oder im Herbst bei Apfel-, Birnen- oder Quittenbäumen. Dann aber bitte den Baumeigentümer um Erlaubnis fragen.

- ☻ Ein Erwachsener hilft euch auf den Baum.
- ☻ Ihr kommt ohne fremde Hilfe hinauf.
- ☻ Ihr kommt ohne fremde Hilfe hinauf – und herunter!

Abenteuerlustige: alle in der Familie

Zeit: wenige Minuten bis eine Stunde

Ausrüstung: Grundsätzlich ist keine besondere Ausrüstung nötig, aber wenn ihr sehr hoch hinauswollt, solltet ihr über Klettergurte und Seile zum Sichern nachdenken.

Tipps & Tricks: Wenn ihr Probleme beim Absteigen habt, lasst euch von unten die Füße an die richtigen Stellen schieben.

Vorsicht: Bitte nur auf Äste klettern, die euch sicher tragen. Die Bäume und eure Knochen sollen heil bleiben.

Ideen für das nächste Abenteuer: Wie wäre es nun mit Baumstammbalancieren oder einem Besuch im Kletterwald? Es gibt auch spezielle Geocaches (meist mit einer Terrainwertung 5), bei denen man auf einen Baum klettern muss.

Hängemattennacht

Der Stoff eurer Hängematte schmiegt sich an euren Körper und der Wind schaukelt euch in den Schlaf: In einer Hängematte schläft es sich fantastisch. Dabei ist es fast schon egal, wo ihr sie aufhängt. Bei sehr schlechtem Wetter oder ängstlichen Mikroabenteueranfängern geht das sogar in der eigenen Wohnung. Dann schaukelt die Hängematte allerdings nur, wenn ihr euch darin bewegt oder jemand euch anschaukelt.

Sucht euch zwei Befestigungspunkte, die euer Gewicht aushalten. Das können Balken oder Haken in der Zimmerwand oder in einer Schutzhütte sein. Dort befestigt ihr euer Seil oder euren Gurt. Im Wald wählt ihr zwei stabile Bäume und nehmt einen breiten Gurt, um den Baum nicht zu verletzen. Vor dem Einsteigen zieht ihr die Knoten im Seil gut fest, damit ihr nicht auf den Boden kracht, weil der Knoten sich löst. Manchmal hilft auch ein Karabinerhaken oder ein Spanngurt.

Wenn die Hängematte einen halbwegs geraden Schlafplatz bieten soll, spannt ihr die Seile ziemlich stramm. Wenn ihr etwas durchhängen wollt, befestigt ihr sie eher locker.

- ☺ (grün) im Wohnzimmer, Kinderzimmer …
- ☺ (gelb) im Garten oder auf dem Balkon
- ☺ (rot) im Wald nach einer Wanderung oder einem Waldabenteuer

Abenteuerlustige: alle in der Familie

Zeit: eine Nacht

Ausrüstung: Eine Hängematte und Seile/Gurte zum Befestigen. Zu Hause ist das Material der Matte egal, bei Waldabenteuern nehmt ihr eine ganz leichte, z. B. aus Ballonseide, um das Gepäck leicht zu halten. Es gibt sogar Baby-Hängematten, aus denen diese nicht herausfallen können.

Tipps & Tricks: Bei leichtem Regen oder hoher Luftfeuchtigkeit schützt euch ein Tarp oder eine Plane vor Nässe.

Vorsicht: Bitte bei einer Balkonübernachtung die Hängematte ganz tief aufhängen, um nicht über das Geländer zu fallen.

Ideen für das nächste Abenteuer: Mögt ihr als nächstes im Zelt oder unter freiem Himmel schlafen?

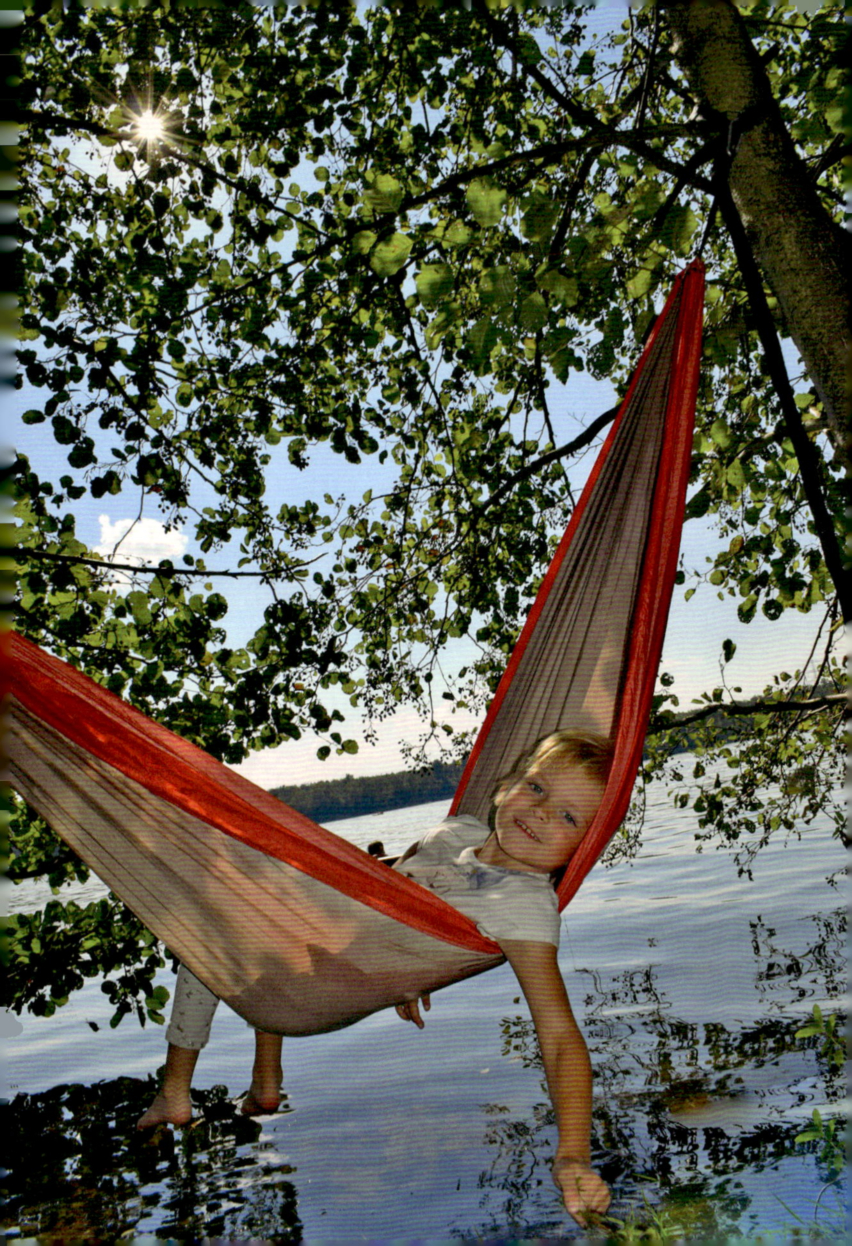

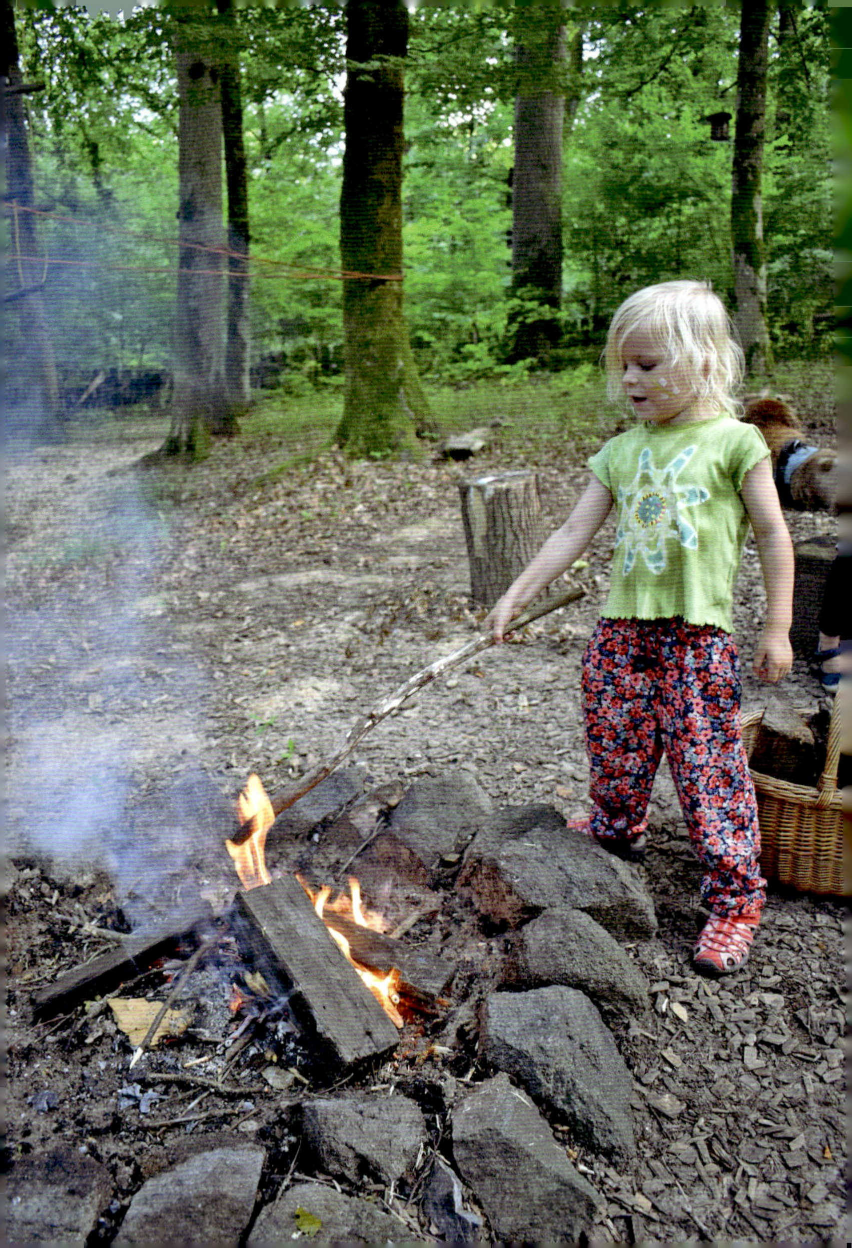

Lagerfeuer

Ein Lagerfeuer ist der Startpunkt oder der krönende Abschluss für viele Mikroabenteuer. Das ist keine Geheimwissenschaft. Sucht euch eine Feuerstelle, von der keine Brandgefahr durch Funkenflug auf Bäume und Schwelbrände im brennbaren Boden ausgehen kann. Bei starkem Wind sucht oder grabt ihr eine kleine Grube.

Für ein zünftiges Lagerfeuer benötigt ihr leicht entflammbares Material (Zunder), um die erste Flamme aufzunehmen, ferner dünne und dicke Zweige und Äste. Nehmt möglichst nur trockenes Brennmaterial (ideal ist stehendes Totholz), feuchtes lässt sich schlecht entzünden und qualmt. Für ein Tipifeuer werden um den Zunder zunächst dünne Zweige wie ein Tipi gegeneinandergestellt, dann nach außen immer größere Äste aufgestellt. Lasst eine Lücke fürs Anzünden bis zum Zunder. Bei nassem Boden baut ihr das Tipifeuer auf einer Lage flach nebeneinanderliegender, trockener Stöcke, die später mitbrennen dürfen.

Das Feuer startet ihr am einfachsten mit Streichhölzern oder einem Feuerzeug, bei Wind mit Sturmhölzern/Sturmfeuerzeug. Mit Messer und Feuerstahl geht es auch ganz gut.

Über diesem Lagerfeuer könnt ihr nun die köstlichsten Sachen kochen oder Stockbrot backen. Auf den Stock passen auch Marshmallows, Würstchen oder Apfelstücke mit Zimt. In der Glut könnt ihr Kartoffeln garen.

- ☺ ein kleines Feuerchen starten
- ☺ Lagerfeuer-Leckereien essen
- ☺ das Feuer ohne Streichhölzer/Feuerzeug entfachen

Abenteuerlustige: alle in der Familie
Zeit: eine bis mehrere Stunden
Ausrüstung: Zunder (feiner Reisig, Birkenrindenspäne, Stroh, Heu, Papier, Watte), Zweige, Äste, Anzünder
Tipps & Tricks: Rustikalere Anzündemethoden und andere Feuerarten erklären euch Bushcraft-Guides und Pfadfinder.
Vorsicht: Bitte nur in Anwesenheit eines Erwachsenen. So lange es brennt, muss immer jemand in der Nähe bleiben.
Ideen für das nächste Abenteuer: Outdoor-Küche, Maronen rösten

Müllsammlung

Selbstverständlich nehmt ihr jeden Abfall wieder mit nach Hause, den ihr selbst bei einem Mikroabenteuer verursacht habt. Leider findet ihr aber bestimmt auch viel fremden Müll, wenn ihr unterwegs seid. Warum also nicht ein Mikroabenteuer daraus machen? Es ist erwiesen, dass an müllfreien Orten weniger Abfall landet als an ohnehin schon vermüllten Stellen.

Zum Einstieg nehmt ihr einfach eine Plastiktüte, geht spazieren und sammelt dabei Müll ein, bis die Tüte voll ist. In Parks, an Bächen, Seen und Flüssen geht das schneller, als ihr denkt.

Manche Stadtverwaltungen und Abfallwirtschaftsbetriebe veranstalten im Frühjahr gemeinsame Sammelaktionen mit Namen wie „Frühjahrsputz" oder „Putzmunter". Andere stellen ganzjährig Säcke und Handschuhe für freiwillige Sammler bereit. Geocacher können an Eventcaches namens CITO (= Cache In – Trash Out) teilnehmen und dabei gleichzeitig neue Geocaches heben. Beim RhineCleanUp sammeln an einem Septembertag unzählige Menschen die Ufer des Rheins von der Quelle bis zur Mündung ab.

Wen nun der Jagdtrieb gepackt hat, der wird bei weiteren Müllmikroabenteuern vielleicht sogar den Bollerwagen oder die Schubkarre mitnehmen, weil sich die Müllbeutel und größere Funde damit leichter transportieren lassen.

☺ Mülltütenwanderung
☺ Teilnahme an einem Müllsammelevent
☺ Große Mülljagd mit Bollerwagen

Abenteuerlustige: Alle in der Familie, die Großen sammeln, wer noch nicht in Handschuhe passt, meldet neue Funde aus der Trage oder dem Buggy.
Zeit: wenige Minuten bis mehrere Stunden
Ausrüstung: Müllbeutel, wasserdichte Arbeitshandschuhe, falls vorhanden: Müllgreifer, Bollerwagen
Tipps & Tricks: Profisammler machen vorher mit der Abfallwirtschaft einen Ort aus, an dem das Sammelgut abgeholt wird.
Vorsicht: Miniabenteurer müssen mit Glas und anderen gefährlichen Gegenständen aufpassen.
Ideen für das nächste Abenteuer: Lost Places, Naturschnitzeljagd

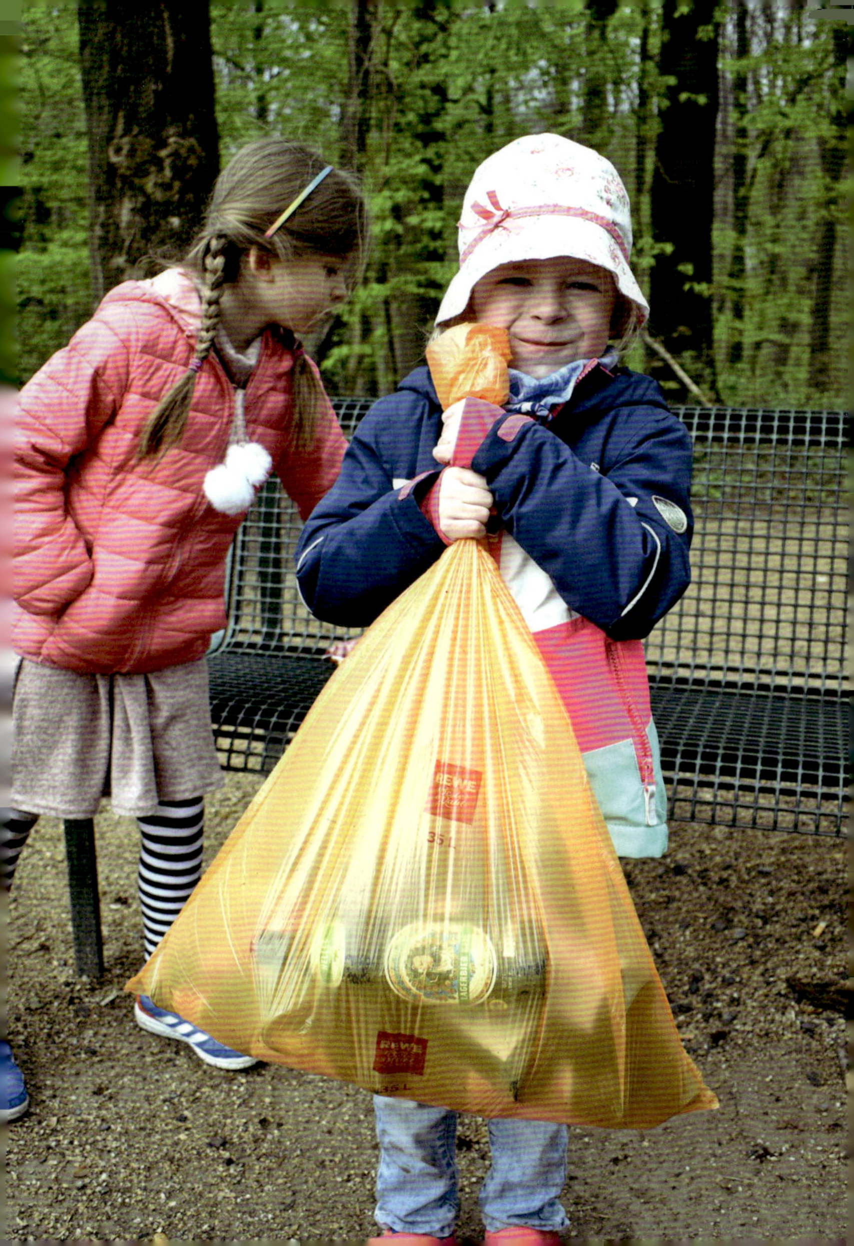
REWE
35 L
LAGERBIER
REWE
35 L

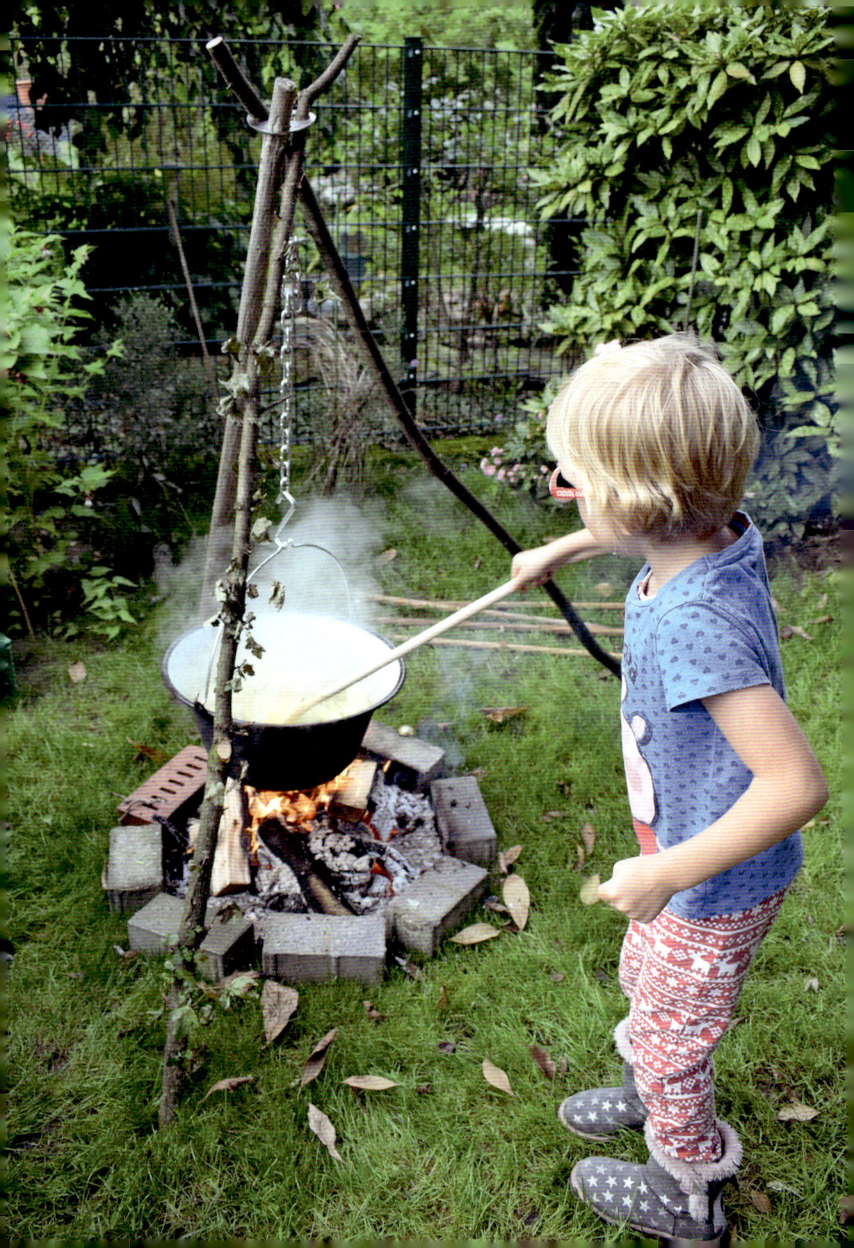

Outdoorküche

Erste Herausforderung ist es, in der Feuerstelle ein munteres Feuerchen zu entzünden. Ist dies geschehen, kann der Kochspaß beginnen.

Viele erwachsene Mikroabenteurer stellen sich als Erstes die Aufgabe, einen Strauß Brennnesseln zu ernten, die Blätter zu zupfen und sich als Tee aufzubrühen. Das ist kniffelig, weil die Brennnesseln beim Pflücken brennen, aber nicht besonders lecker für Kinder. Als Familie könnt ihr gerne mit Tee beginnen, aber wenn ihr frisch gesammelte Zitronenmelisse, Minze, Kamille oder Apfelschalen mit heißem Wasser überbrüht, schmeckt das viel besser.

Habt ihr auch Hunger? Prima, dann schaut euch nach Kräutern und Gemüse für einen frischen Gemüseeintopf um. Rührei geht auch schnell und einfach. Oder ihr kocht euren Lieblingseintopf wie immer – nur draußen. Oft braucht ihr für die Beilage keine zweite Feuerstelle: Wenn Nudeln 4-5 Minuten sprudelnd gekocht haben, könnt ihr sie beiseitestellen, während die Soße gekocht, das Fleisch gebraten oder das Gemüse gedünstet wird. Setzt ihr Reis mit kaltem Wasser auf, könnt ihr ihn im Topf beiseitestellen, sobald das Wasser kocht.

Ein beliebter Nachtisch: Popcorn lässt sich prima über offener Flamme herstellen. Dazu füllt ihr die getrockneten Maiskörner, Öl und Zucker/Salz in eine feuerfeste Pfanne, verschließt sie mit ihrem Deckel und haltet sie über das Feuer. Nach einigen Minuten poppen die ersten Körner. Wenn das Poppen nachlässt, ist das Popcorn fertig.

- Kräutertee
- Eintopf
- ein ganzes Menü

Abenteuerlustige: alle in der Familie, mindestens ein Erwachsener für das Feuer
Zeit: eine bis mehrere Stunden
Ausrüstung: Feuerstelle, Feuerholz, Streichhölzer, Topf/Pfanne (am besten aus Gusseisen), Deckel, Besteck, Schöpfkelle, Schneidbrett, Messer, Essenszutaten
Tipps & Tricks: Ein alter Grillrost über der Feuerstelle erspart euch das Festhalten der schweren Töpfe und Pfannen.
Vorsicht: Wenn ihr nicht im eigenen Garten kocht, erkundigt euch nach einem öffentlichen Grillplatz oder einer anderen Stelle, an der Feuer gemacht werden darf.
Ideen für das nächste Abenteuer: Lagerfeuer, Fackelwanderung, Wildpflanzensalat

Stockbrot backen

Nach einem langen Tag am Badesee ebenso beliebt wie zum Aufwärmen nach einer Winterwanderung: ein Lagerfeuer, über dem ihr duftendes Stockbrot backt. Natürlich könnt ihr für Stockbrot jeden Stock verwenden, den ihr findet. Er sollte nicht zu dünn sein, sonst fällt der Teig zu leicht ab, bewährt haben sich 2-3 cm dicke Stöcke. Gut ist eine Länge von 1 m oder mehr, damit ihr der heißen Glut nicht zu nah kommen müsst. Am besten geht es mit frisch geschnittenen Ruten, sie brennen nicht so schnell.

Für den Teig gibt es unzählige Rezepte. Ein **Grundrezept**: 400 g Mehl, 1 Päckchen Trockenhefe (oder ½ Würfel frische Hefe), 1 TL Salz, ½ TL Zucker, 3 EL Olivenöl und 230 ml lauwarmes Wasser. Daraus knetet ihr einen glatten Teig und lasst ihn 30 Minuten ruhen. Nun teilt ihr den Teig hühnereigroße Portionen, die ihr zu langen Strängen formt und um die Holzstöcke wickelt.

Für einen **süßen Teig** nehmt ihr 500 g Mehl, 80 g Zucker, je ein Päckchen Vanillezucker und Trockenhefe, 1 Prise Salz, 250 ml Milch, 100 g Butter/Margarine und ein Ei.

Vollkornstockbrot: 600 g Dinkelvollkornmehl, 1 Würfel frische Hefe, 3 TL Kräutersalz von Brecht (Reformhaus), 50 g Öl, 300 g lauwarmes Wasser.

Nun haltet ihr die Stöcke über die Glut. Wenn noch Flammen züngeln, müsst ihr herausfinden, in welche Höhe ihr die Stöcke am besten haltet, damit der Teig durchbackt, ohne zu verbrennen. Dann vorsichtig vom Stock ziehen oder direkt vom Stock knabbern. Wenn der Stock dick genug war, könnt ihr auch ein warmes Würstchen in das entstandene Loch stecken und habt ein köstliches Hotdog.

☺ im Backofen
☺ im Kamin oder über dem Grill
☺ über einem Lagerfeuer

Abenteuerlustige: alle in der Familie, die einen Stock halten können
Zeit: mit Vorbereitung etwa eine Stunde
Ausrüstung: Teigzutaten, Stöcke, Feuer. Dazu passen selbst gemachter Kräuterquark, Kräuterbutter, Fruchtpüree und Konfitüre.
Tipps & Tricks: Wenn ihr den Teig in dünnen Schlangen um den Stock wickelt, gart der Teig besser als ein Stock in einer dicken Teigwurst.
Vorsicht: Augen auf bei Bambusstöcken, sie gehen sehr schnell in Flammen auf.
Ideen für das nächste Abenteuer: Marshmallows oder Kastanien rösten, Erdofen bauen, Kochen auf dem Lagerfeuer

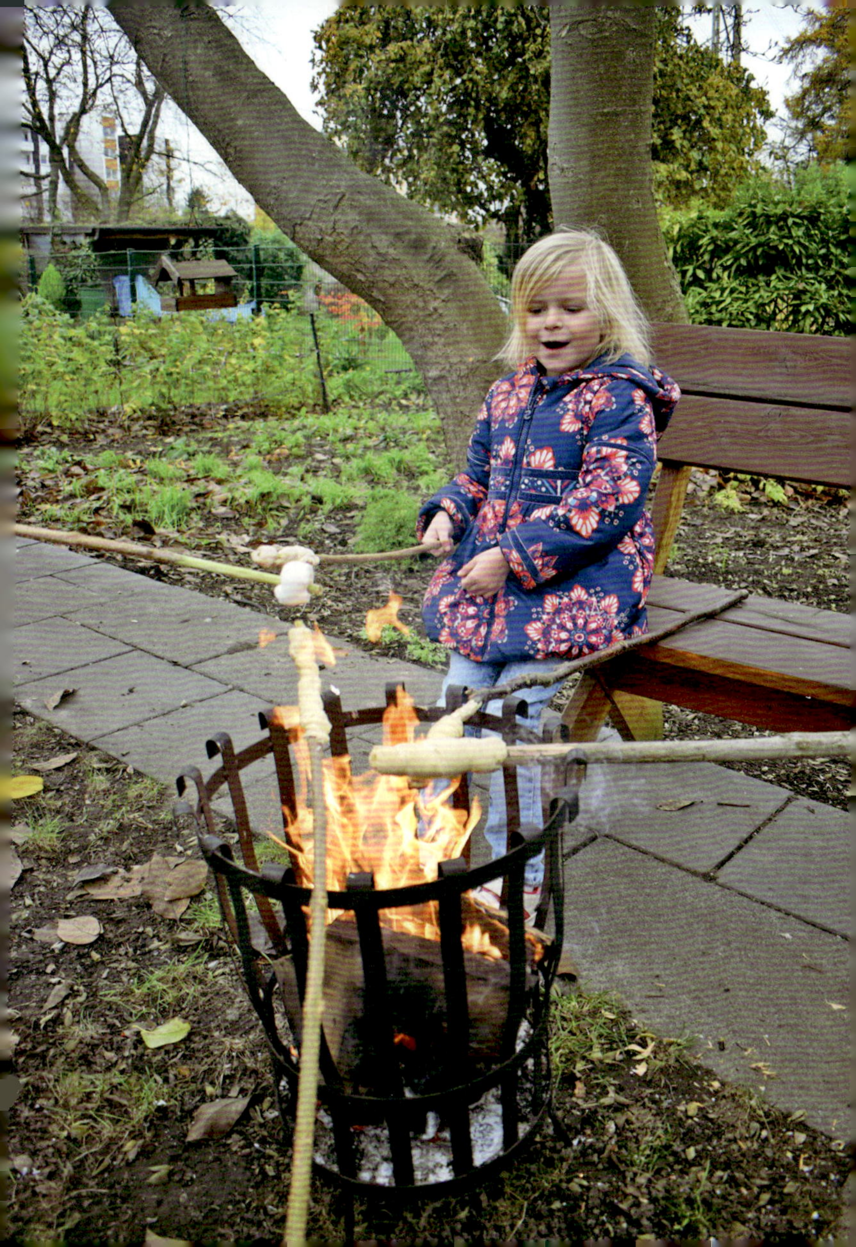

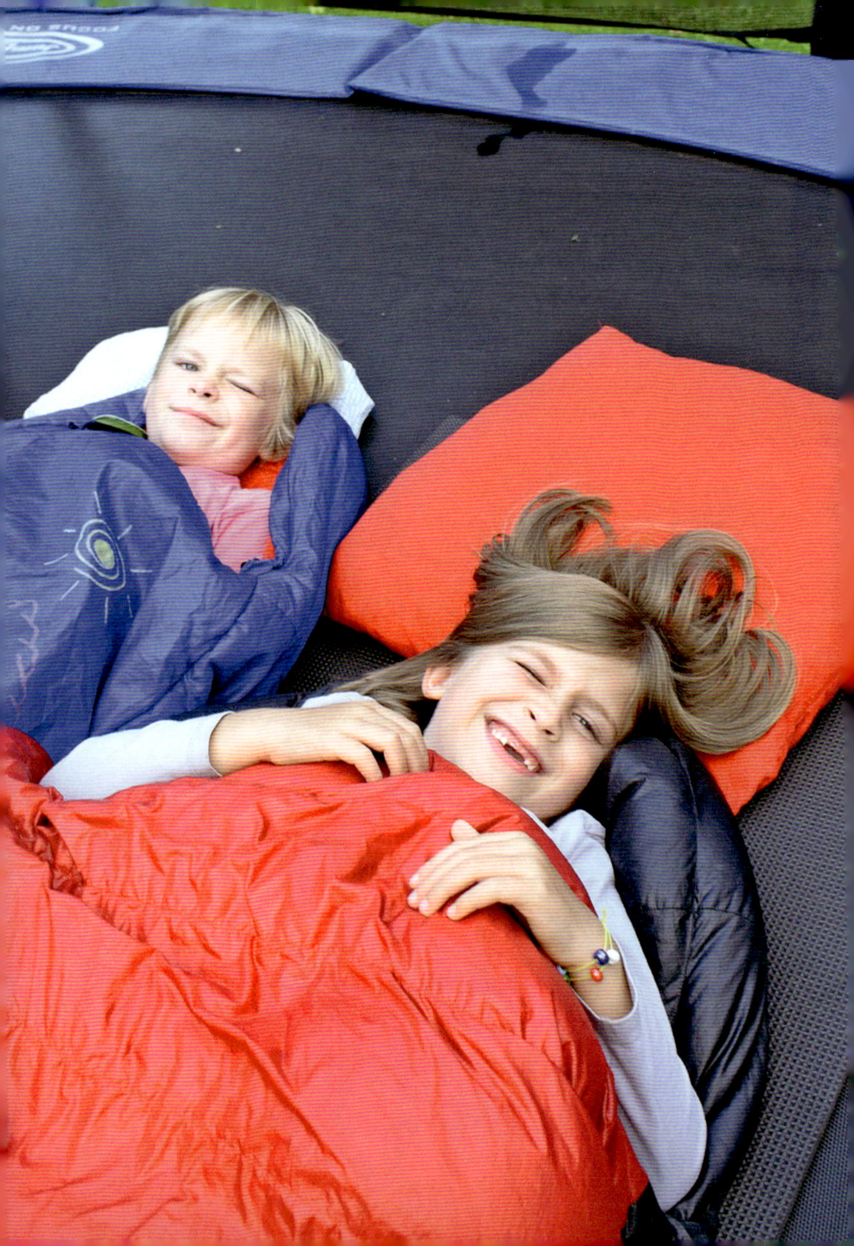

Unter freiem Himmel schlafen

Wenn im Sommer die Nächte wärmer werden, gibt es keinen Grund mehr, im Haus zu schlafen. Am einfachsten und gleichzeitig am abenteuerlichsten ist es unter freiem Himmel. Mikroabenteurer nennen das Biwaking.

Für den Anfang sucht ihr euch eine trockene Nacht aus, in der die Temperaturen nicht unter 18 Grad fallen. Legt eine Plane auf den Balkon oder die Terrasse, tragt eure Matratze heraus und kuschelt euch mit Blick in den Himmel in euer Bettzeug ein! Schnappt euch eure Schlafsäcke und schlaft auf dem Trampolin im Garten!

Das ist kaum Aufwand und ihr könnt jederzeit ins Haus zurück, wenn Hunger, Durst, Pipi oder Angst euch plagen. In kälteren Nächten zieht ihr euch im Schlafsack etwas dicker an und schützt den Kopf mit einer warmen Mütze vor Wärmeverlust.

Hat es zu Hause gut geklappt, geht es raus in die Natur. Ihr startet schon tagsüber, um einen guten Platz auszusuchen. Er ist eben, trocken und windgeschützt. Dabei beachtet ihr Wildtierpfade, Ameisenstraßen, alte Bäume (morsche Äste) und stehende Gewässer (Mückengefahr!). Bevor ihr euch zum Schlafen hinlegt, verpackt ihr alle Essensreste, um keine Wildtiere anzulocken. Was ihr in der Nacht braucht, legt ihr für alle erreichbar bereit (Wasserflasche, Taschenlampe, Smartphone mit Sternbildapp).

☺ auf dem Balkon
☺ im Garten
☺ im Wald oder am Strand

Abenteuerlustige: alle in der Familie
Zeit: eine Nacht
Ausrüstung: unbedingt kuschelwarme Schlafsäcke, außerdem Taschenlampe, Kuscheltier, Picknick, heißes Wasser für Abendsuppe und Frühstückstee, im Wald auch Schutz gegen Kälte (Isomatte), Regen (Tarp) und Insekten (Moskitonetz)
Tipps & Tricks: Sucht euch einen Ort mich möglichst geringer Lichtverschmutzung, dann könnt ihr die Sterne besonders schön sehen.
Vorsicht: In Nationalparks, Naturschutzgebieten und Landschaftsschutzgebieten ist das Lagern und Biwakieren verboten.
Ideen für das nächste Abenteuer: Trekkingtour, Hängemattennacht

Zelten

Warum solltet ihr in einem langweiligen Zimmer schlafen, wenn es doch Zelte gibt?

Das Abenteuer beginnt mit der Wahl des Zeltplatzes. Er sollte eben sein und nicht in einer Senke, die bei Regen volllaufen könnte. Beim Aufbau des Zeltes hilft die Aufbauanleitung. Liegt keine dabei, muss ausprobiert werden, welche Stange in welchen Tunnel der Zeltplane gehört. Ganz simpel ist der Aufbau von Wurfzelten – wie der Name schon sagt! Gute Zelte haben Innenzelte, die ins Außenzelt eingehängt werden. Besonders abenteuerlich sind Dachzelte auf dem Autodach.

Sobald euer Bauwerk ungefähr wie ein Zelt aussieht, richtet ihr den Eingang aus. Wollt ihr zum See oder zum Nachbarzelt schauen? Denkt auch an Wind und Regen: in Mitteleuropa überwiegen West-Wetterlagen. Dreht deshalb den Eingang (von der Wetterseite weg) nach Osten, bei zwei Eingängen richtet ihr sie nach Süden und Norden aus.

Nun wird das Zelt eingerichtet: Ganz unten kommen Isomatten oder Luftmatratzen hin, darauf schlaft ihr im Schlafsack. Legt alles bereit, was ihr für die Nacht benötigt (Taschenlampe, Getränk, Kuscheltier) und merkt euch den Weg zur Toilette.

Welche Geräusche hört ihr in der Nacht? Sind es künstliche Töne wie vorüberfahrende Bahnen, Autohupen oder Kirchenglocken? Oder sind es natürliche Geräusche wie der Ruf einer Eule, der Wind in der Baumkrone oder Papas Schnarchen?

Wenn ihr kein Zelt habt, gibt es bestimmt in eurem Freundeskreis oder in der Nachbarschaft jemanden, der euch eins leiht.

- ☺ im Garten
- ☺ auf einem Campingplatz
- ☺ in der freien Natur

Abenteuerlustige: alle in der Familie
Zeit: eine Nacht
Ausrüstung: Zelt, Isomatten/Luftmatratzen, Schlafsäcke, außerdem Taschenlampe, Kuscheltier, Verpflegung
Tipps & Tricks: Wenn ihr im Zelt Licht macht, schließt vorher die Moskitonetze, um die Mücken auf Abstand zu halten.
Vorsicht: Bitte nur dort zelten, wo es erlaubt ist.
Ideen für das nächste Abenteuer: Hängemattennacht, unter freiem Himmel schlafen

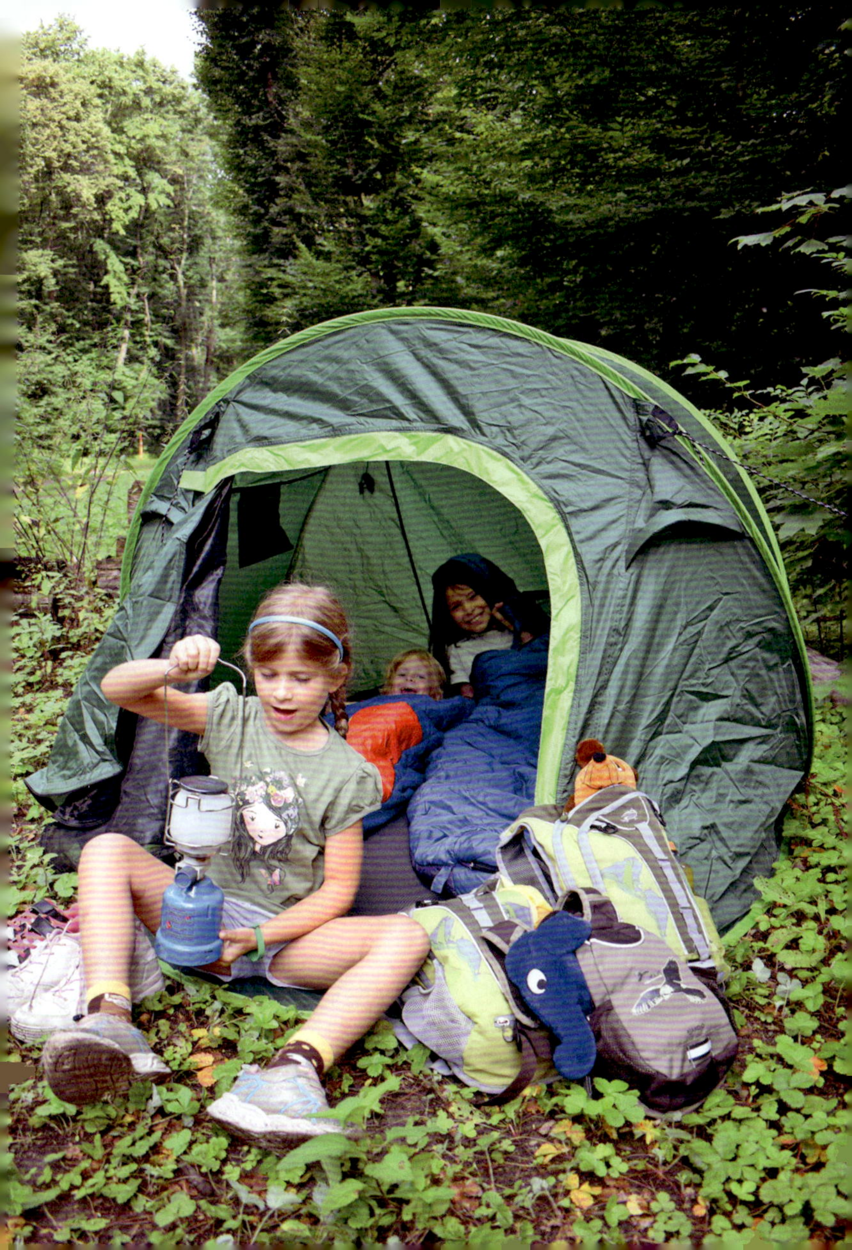

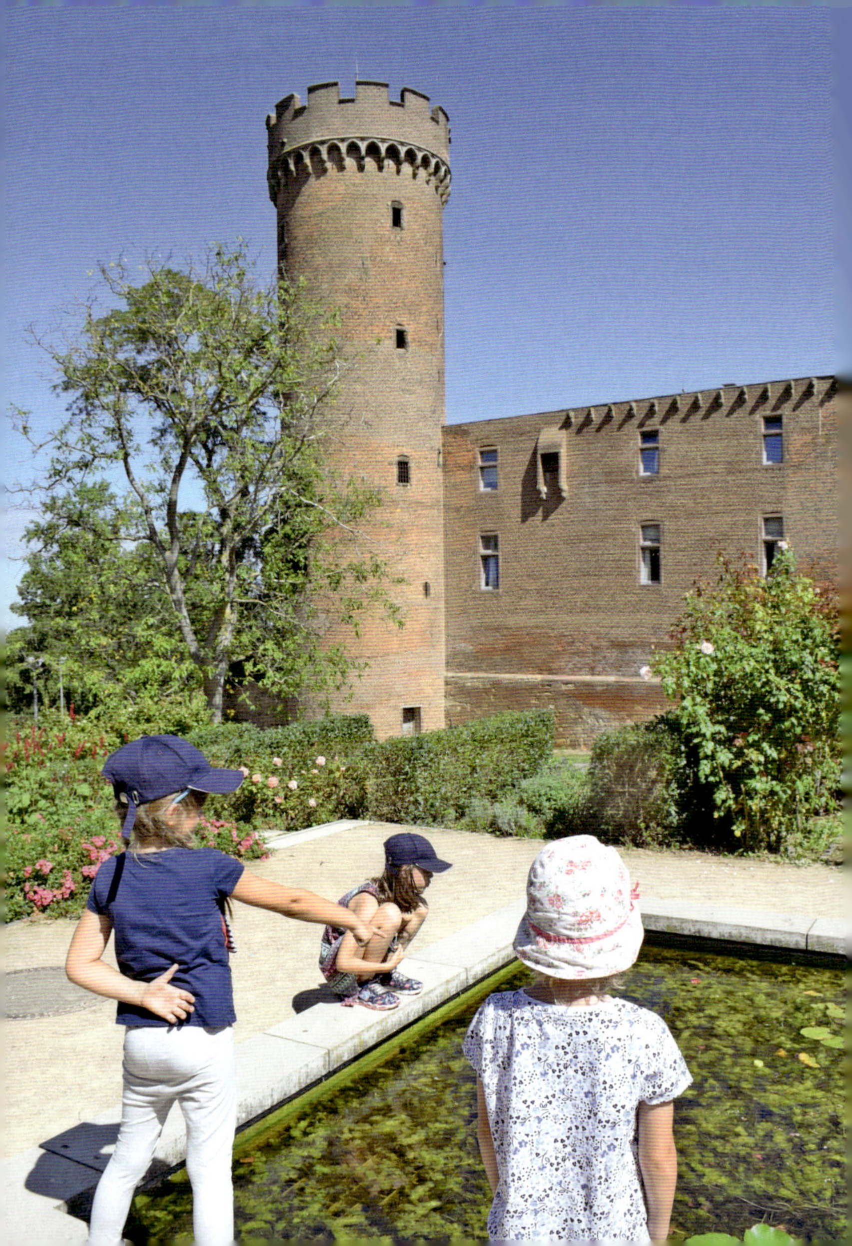

Vor der Haustür

Burgerkundung

Wollt ihr heute einen Tag wie im Märchen erleben? Macht euch auf den Weg zur nächsten Burg! Es sollte wirklich die nächste sein, nicht die größte oder schönste. Bestimmt findet ihr auch ganz in der Nähe eurer Wohnung eine Burg, ein Schloss oder ein Herrenhaus. Vielleicht ist es noch bewohnt, vielleicht schon ein Museum oder sogar eine verfallene Ruine. Informiert euch vor dem Start in einem Geschichtsbuch oder im Internet über die Geschichte der Burg. Wann wurde sie erbaut und wann von wem zerstört?

Stellt euch vor, ihr hättet vor vielen Jahrhunderten genau an derselben Stelle gewohnt und folgt nun einer Einladung gleichaltriger Prinzen und Prinzessinnen. Wie haben sie wohl gelebt? Hatten sie Hauslehrer?

Wollt ihr euch für diese gedankliche Zeitreise entsprechend verkleiden? Benötigt ihr Schwert und Schild? Solltet ihr Proviant in die Kutsche (Bollerwagen/Buggy) packen?

An und in der Burg erkundet ihr nun, welche Räume und Mauern welche Aufgabe hatten. Wo wurde gekocht, geschlafen und gebetet? Wo gingen eure imaginären Freunde zur Toilette? Wie wurde die Burg bei einem feindlichen Angriff verteidigt?

☺ Besichtigung von außen
☺ Besichtigung von außen und innen
☺ Ihr sucht sogar im Keller und im Verließ nach dem Schlossgespenst.

Abenteuerlustige: alle in der Familie
Zeit: eine Stunde bis Ganztagestour
Ausrüstung: Kamera, Taschenlampe und feste Schuhe.
Tipps & Tricks: Viele Burgen bieten Ritterspiele und andere Mittelalterveranstaltungen an, bei denen euch die Zeitreise besonders leichtfällt.
Vorsicht: Bitte nicht auf Mauerreste klettern. Damit beschädigt ihr uralte Bausubstanz.
Ideen für das nächste Abenteuer: Stadtrundfahrt im Heimatort oder ein Lost Place

📖 Es stand einst eine Burg (David Macaulay). Dieses Kindersachbuch erklärt, wie eine typische Burg im Mittelalter entstand.

Demokratische Radtour

Bei diesem Abenteuer übernehmt ihr abwechselnd die Führung. Vorher absprechen solltet ihr euch nicht, dann ist der Überraschungs- und Abenteuereffekt größer.

Eine einfache Möglichkeit ist, dass an jeder Kreuzung oder Gabelung ein anderes Familienmitglied entscheiden darf, wo alle weiterfahren. Ihr könnt aber auch im Wechsel für eine bestimmte Minutenzahl die Gruppe führen. Wenn die Stoppuhr piept, ist der/die Nächste dran.

Bitte versprecht euch vorher in die Hand, dass ihr nicht sauer auf die Entscheidungen der anderen reagiert. Ihr wisst ja nicht, von was die anderen besonders angezogen werden. An manchen Stellen müsst ihr die Räder schieben oder eure Führungskraft legt fest, dass die Räder für einen kleinen Abstecher zu einem Teich kurz stehen gelassen werden. Vielleicht seid ihr gerade so nett einem wurzeligen Pfad oder einem Bachlauf gefolgt. Nach einem Führungswechsel geht es nun über einen heißen, staubigen Feldweg oder steil bergauf zu einer Bergkuppe. Vielleicht gibt es dort ganz besonders schöne Feldblumen, einen uralten Baum oder eine Höhle zu erforschen. Außerdem ist bald wieder Wechselzeit. Vielleicht müsst ihr auch barfuß durch ein besonders matschiges Wegstück – dann könnt ihr ganz nebenbei noch eine fantastische Schlammschlacht machen, bis alle gleich dreckig sind.

- ☻ Alle dürfen je einmal entscheiden, dann geht es zurück.
- ☻ Alle dürfen je dreimal entscheiden.
- ☻ Alle führen je 15 Minuten am Stück.

Abenteuerlustige: Alle in der Familie, die ganz Kleinen im Fahrradanhänger dürfen auch mitentscheiden.
Zeit: 15 Minuten bis mehrere Stunden
Ausrüstung: Fahrrad, Laufrad, Dreirad, Roller ...
Tipps & Tricks: Die Erwachsenen achten darauf, dass der Rückweg nicht allzu lang wird.
Vorsicht: In ihrem Eifer, auch gefragt zu sein, fahren manche Minimäuse einfach los, sobald sie sich entschieden haben.
Ideen für das nächste Abenteuer: Würfelwanderung, Spielplatzsafari

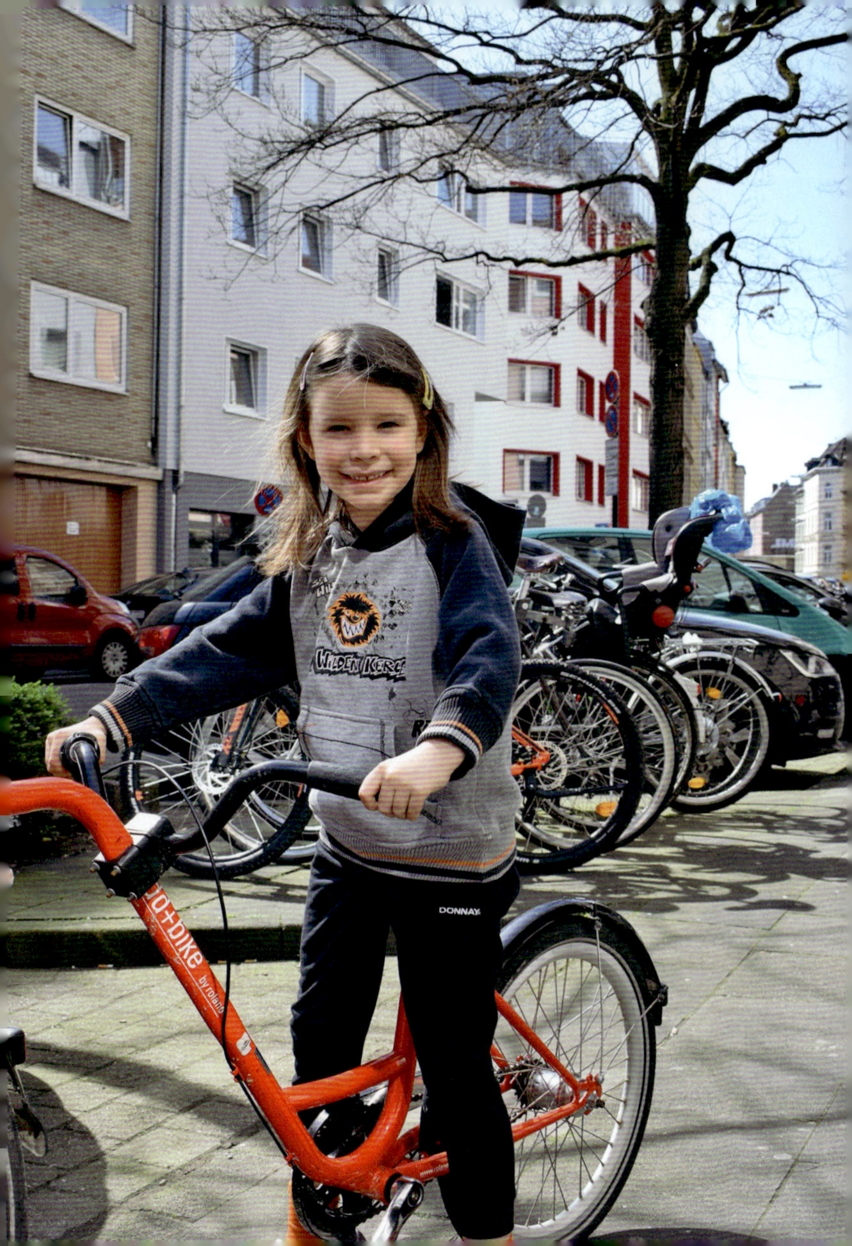
DONNAY

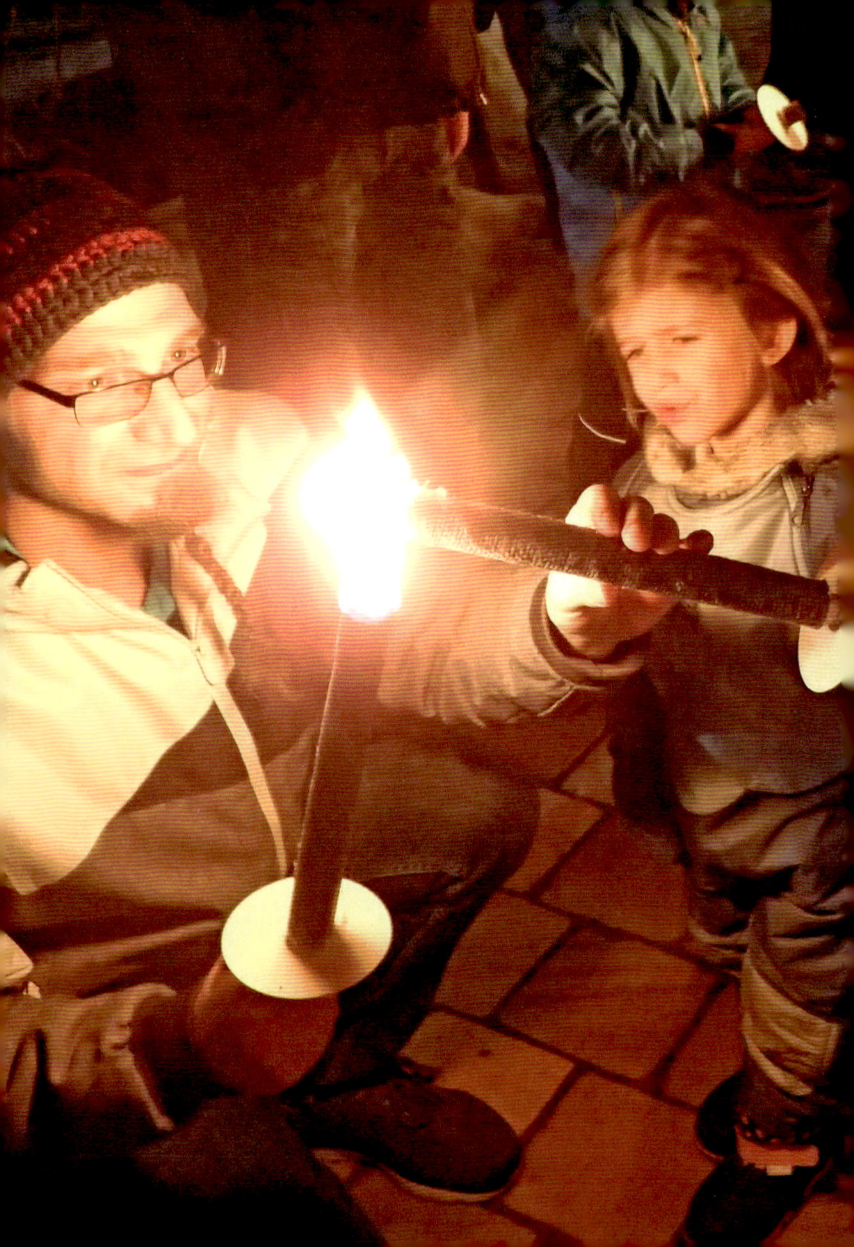

Fackelwanderung

Wartet nicht, bis euer Kindergarten oder eure Schule zum Sankt-Martins-Umzug aufbricht. Diese Tradition mit gemeinsamem Laternenbasteln, dem Spaziergang durch die Straßen und dem anschließenden Martinsfeuer ist zwar schön, aber oft geht es auch sehr trubelig und hektisch dabei zu.

An einem lauen Sommerabend oder einem knackig kalten Wintertag ist eine solche Wanderung im Kreis eurer Familie noch viel schöner. Vielleicht schließt ihr euch mit mehreren Familien zusammen und trefft euch vorher, um gemeinsam Kekse zu backen und Laternen für die Kleinen zu basteln. Dabei ist eurer Kreativität keine Grenze gesetzt, ihr müsst euch an kein Gruppen-/Klassenthema halten.

Die Großen nehmen Fackeln. Vor dem herabtropfenden Wachs schützt ihr eure Hände mit Bierdeckeln, in die ihr ein Loch bohrt, bevor ihr sie über den Griff streift. Nehmt einige Reservefackeln und eine Taschenlampe mit, damit ihr Licht habt, wenn der Weg länger ausfällt, als die Kerzen/Fackeln brennen.

Bereitet Thermoskannen mit Kinderpunsch und ein Lagerfeuer vor. Ihr müsst es nach eurer Rückkehr dann nur noch mit den Fackeln anzünden. Schon könnt ihr mit dem warmen Punsch in der Hand ums Feuer sitzen und eure Erlebnisse während der Fackelwanderung erzählen. Denn bestimmt hat jeder etwas anderes gesehen und erlebt.

☺ kleiner Spaziergang mit Fackeln und gekauften Laternen
☺ Kurzwanderung mit Fackeln und selbst gemachten Laternen
☺ lange Fackelwanderung, bei der auch die Reservefackeln zum Einsatz kommen

Abenteuerlustige: Alle in der Familie, der Hund bekommt ein Leuchthalsband!
Zeit: 30 Minuten bis mehrere Stunden
Ausrüstung: Laternen, Fackeln, Streichhölzer/Feuerzeug, Taschen-/Stirnlampe
Tipps & Tricks: Wird die Fackel senkrecht gehalten, brennt sie nicht so schnell ab.
Vorsicht: Bitte bei ganz kleinen Kindern lieber elektrische Laternenstäbe als echte Kerzen nehmen.
Ideen für das nächste Abenteuer: Nachtwanderung, Taschenlampenwanderung

Fotosafari

Heute begebt ihr euch auf eine Fotosafari. Nehmt eure Kameras und Smartphones vom Ladegerät, verlasst die Wohnung und legt einen Zeitrahmen fest, z. B.: Wie viele verschiedene Tiere könnt ihr in einer Stunde fotografieren? Denkt nicht nur an angeleinte Hunde und Freigänger-Katzen, sondern auch an wilde Tiere, immerhin ist es eine Safari! Regenwürmer, Singvögel, Tauben, Käfer, Bienen – und die Wespe, die da grade versucht, euch den Zwetschgenkuchen wegzufressen! Selbst in der Innenstadt könnt ihr Eichhörnchen begegnen, am Stadtrand sind es Kaninchen und Feldhasen.

Und denkt im Frühjahr und Herbst an die Zugvögel. Die großen Flugformationen der Kraniche und Wildgänse hört ihr von Weitem. Die kleineren Zugvögel sammeln sich zum Teil tagelang auf dem nächsten Hochspannungsmast, bevor sie gemeinsam starten.

Bei den meisten Safaris werden nicht nur Tiere, sondern auch Pflanzen fotografiert. Hat da jemand eine Baumscheibe bepflanzt? Kommt ihr an einer Stelle vorbei, wo Urban Gardening betrieben wird? Gibt es irgendwo in eurer Stadt eine Palme? Findet ihr gemalte Blumen an einer Hauswand?

Weitere Ideen für eine Fotosammlung sind Gebäude: Findet ihr Spuren aus der Römerzeit? Oder aus dem Mittelalter? Sucht ein rundes Gebäude! Findet ihr auch dreieckige, fünfeckige und/oder achteckige Gebäude?

- 🟢 Haustiere
- 🟡 Insekten oder Zugvögel
- 🔴 Eichhörnchen, Kaninchen, Feldhase oder noch wildere Tiere

Abenteuerlustige: alle in der Familie

Zeit: 30 Minuten bis mehrere Stunden

Ausrüstung: eine Kamera oder ein Smartphone

Tipps & Tricks: Wenn die Fotos nicht verwackeln sollen, hilft die Einstellung „Sport“. Bei Insekten ist „Makro“ die richtige Kameraeinstellung.

Vorsicht: Bei angeleinten Hunden solltet ihr den Menschen am anderen Ende der Leine um Erlaubnis für das Foto fragen.

Ideen für das nächste Abenteuer: Vögel beobachten, City Bound, Wildparkbesuch, Urban Gardening

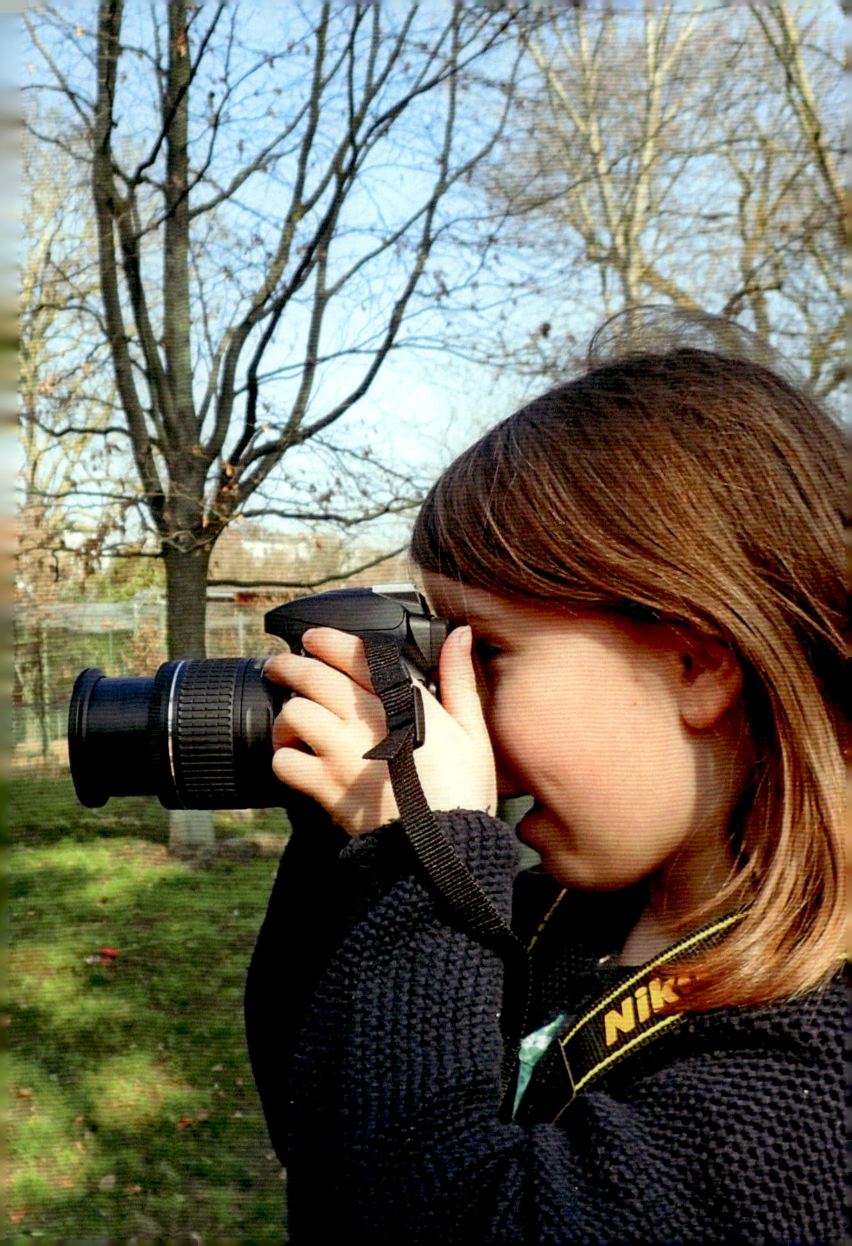

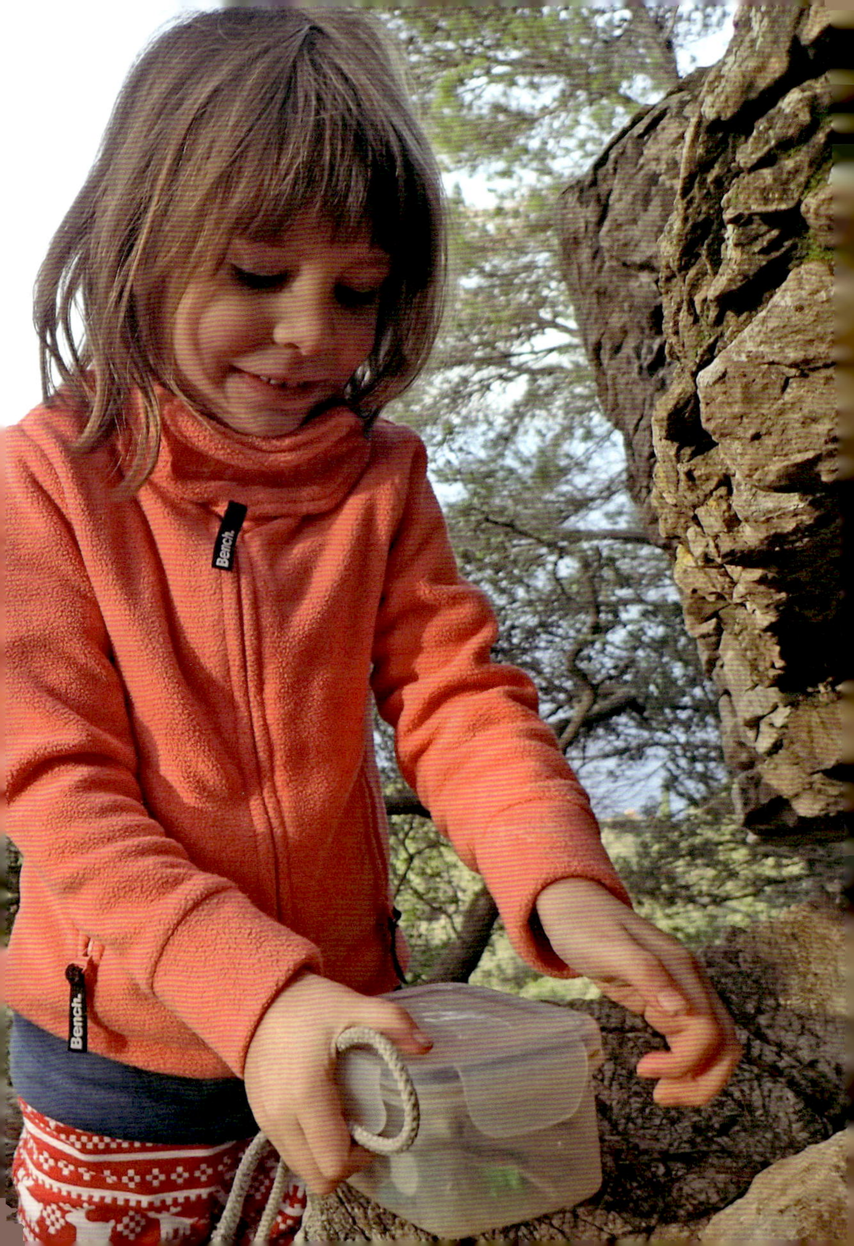
Bench.
Bench.

Geocaching

Eine Schatzsuche mithilfe von Satelliten, die auch für Anfänger ganz einfach ist. Millionen von Geocaches locken euch zu den schönsten Winkeln der Welt – und zeigen euch selbst in der direkten Nachbarschaft Orte, die ihr noch nie wahrgenommen habt.

Im Internet geht ihr auf die Seite 💻 www.geocaching.com, legt ein eigenes Profil an und schaut nach, wo in eurer Nähe ein Geocache versteckt liegt. Wählt für den Anfang einen traditionellen Cache, kurz Tradi. Das geht auch mit dem Smartphone, dafür gibt es auch eine eigene App. Der Schatz ist an einer bestimmten Koordinate versteckt, diese findet ihr mit eurem GPS-Receiver oder mit der App, entweder mit der Kartenansicht oder mit dem Richtungspfeil.

Geocaches gibt es in verschiedenen Größen, Schwierigkeitsgraden und Arten. Die Größe large ist natürlich einfacher zu finden als mikro oder nano. Eine 1 beim Geländewert ist leichter als eine 5, bei der geklettert oder getaucht werden muss. Tradis haben nur eine Koordinate, bei Multis werdet ihr zu verschiedenen Stationen geschickt, bei Mysterys müsst ihr erst noch ein Rätsel lösen. Es gibt noch viel mehr Arten für Fortgeschrittene.

Es ist nicht leicht, einen Geocache zu finden, ihr dürft also stolz auf euch sein, wenn ihr eure erste Dose entdeckt habt. In größeren Geocaches findet ihr einen kleinen Schatz. Damit auch die nächsten etwas finden, legt ihr eine neue Sache hinein, wenn ihr etwas entnehmt, z. B. einen Flummi, einen Schlüsselanhänger oder eine Haarspange. In jedem Fall tragt ihr euch in das Logbuch ein und versteckt die Dose wieder sorgfältig. Nun noch kurz online loggen und ihr seid Geocacher!

- ☺ einen Tradi finden und loggen
- ☺ ein Multi oder Mystery finden und loggen
- ☺ einen Cache selbst legen

Abenteuerlustige: alle in der Familie

Zeit: 15 Minuten bis mehrere Stunden

Ausrüstung: Ein GPS-Receiver oder ein GPS-fähiges Smartphone, ein Bleistift, Tauschgegenstände

Tipps & Tricks: Wenn ihr euch die Cachebeschreibung ausdruckt oder offline abspeichert, kommen euch vor Ort keine Funklöcher in die Quere.

Vorsicht: Bitte achtet auf Muggel, so nennen Geocacher alle Menschen, die nicht cachen.

Ideen für das nächste Abenteuer: Grenzgang, City Bound

Gipfelglück

Die Aufgabe ist simpel: Findet die höchste natürliche Erhebung eures Heimatortes!

Bei diesem Mikroabenteuer ist die Vorbereitung oft noch spannender als das Outdoor-Erlebnis. Wer nicht eben am Fuß eines bekannten Berges wohnt, wird erst eine ganze Weile überlegen müssen, um die höchste Erhebung ausfindig zu machen.

Ihr wohnt im Flachland? Das ist keine Ausrede. Jeder Ort hat einen höchsten Punkt. Die Berliner haben den Großen Müggelberg mit 114,8 m, die Hamburger den Hasselbrack mit 116,2 m und die Kölner steigen auf den 118 m „hohen" Monte Troodelöh – und tragen sich dort sogar in ein Gipfelbuch ein! Selbst auf den Inseln der Nord- und Ostsee gibt es eine besonders hohe Düne, die alle anderen überragt.

Zieht topografische Karten und das Internet hinzu, wenn ihr bei eurer Überlegung nicht weiterkommt. Nun habt ihr den höchsten Punkt entdeckt. Aber ist dies auch eine natürliche Erhebung? Oder ist es eine ehemalige Mülldeponie? Oder ein Trümmerberg aus der Nachkriegszeit?

Alles klar! Und wie erreicht ihr diesen Punkt? Führt eine Straße oder ein Wanderweg zum höchsten Punkt? Er liegt hoffentlich nicht auf privatem Grund, denn dann dürft ihr ihn nicht bzw. nur mit vorheriger Genehmigung des Eigentümers betreten.

Packt nun euer Marschgepäck. Euer Kartenstudium hat euch gezeigt, ob ihr für den Anmarsch Gummistiefel und/oder Proviant benötigt oder gar das Fahrrad nehmen müsst.

- Ihr ermittelt den höchsten Punkt.
- Ihr besucht ihn auf festen Wegen.
- Ihr erreicht ihn in weglosem Gelände.

Abenteuerlustige: alle in der Familie
Zeit: eine bis mehrere Stunden
Ausrüstung: keine
Tipps & Tricks: Wenn es euch gefallen hat, besucht ihr als Nächstes den tiefsten Punkt. Und den östlichsten/südlichsten/westlichsten/nördlichsten.
Vorsicht: Manchmal ist der höchste Punkt gar kein Gipfel, sondern eine Stadtgrenze, hinter der es weiter bergauf geht.
Ideen für das nächste Abenteuer: Grenzgang, Geocaching

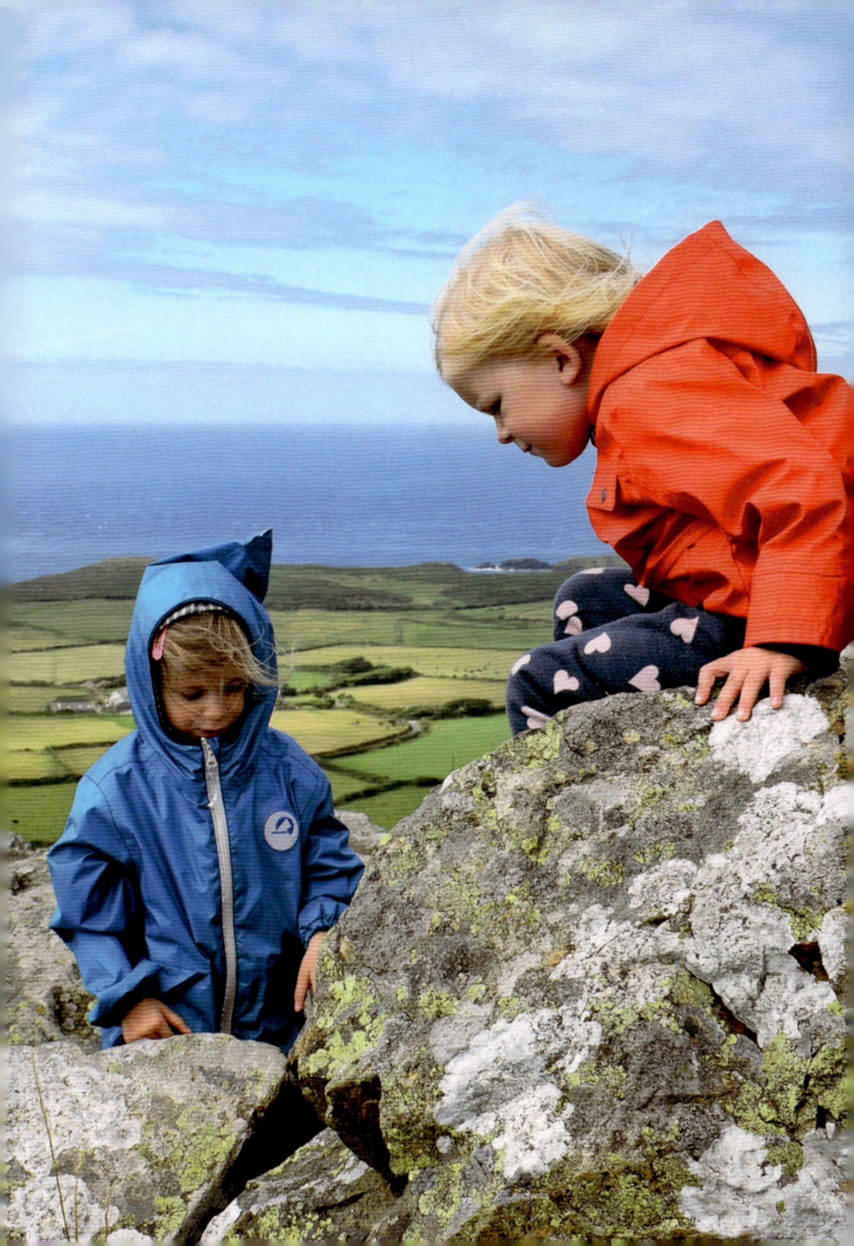

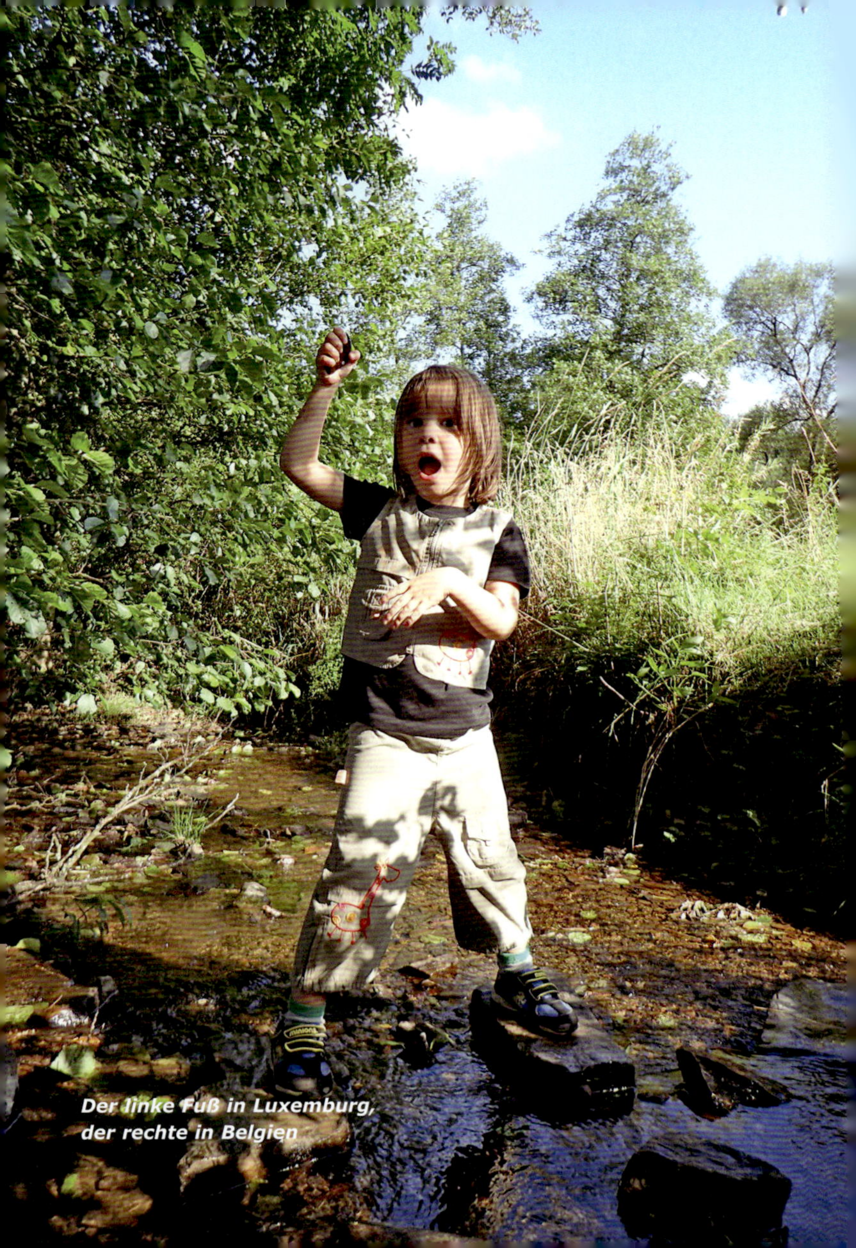

Der linke Fuß in Luxemburg,
der rechte in Belgien

Grenzgang

Mit Hilfe eurer Landkarte oder virtuellen Karte sucht ihr die nächste Grenze. Das kann der Grenzverlauf eures Heimatortes sein oder auch die Landes- oder Bundesgrenze. Wandert zur nächsten Stadtgrenze oder fahrt zur nächsten Landes- oder Bundesgrenze und sucht euch einen Punkt, an dem ihr in beiden Orten/Ländern stehen könnt. Ist das nicht ein ulkiges Gefühl, mit dem einen Fuß im Heimatort und mit dem anderen im Nachbarort zu stehen? Manchmal verläuft eine Grenze sogar auf einer Straße, sodass die Häuser mit den geraden Hausnummern zu einer anderen Gemeinde gehören als die Häuser mit den ungeraden Hausnummern.

Ganz besonders sind Punkte, an denen drei Gemeinden oder Länder (= Dreiländerpunkt) aneinandergrenzen.

☻ die Grenze zur nächsten Stadt oder Gemeinde
☻ die Grenze zum nächsten Bundesland
☻ die nächste Bundesgrenze oder ein Dreiländerpunkt

Abenteuerlustige: Alle in der Familie. Einer von euch sollte Karten lesen können.
Zeit: 15 Minuten bis mehrere Stunden
Ausrüstung: Überlegt nach dem Kartenstudium, ob ihr ein Handtuch mitnehmen wollt. Vielerorts bildet ein Bach oder ein Fluss die Grenze.
Tipps & Tricks: Einige Länder sind nicht ganz exakt voneinander abgegrenzt. Zum Beispiel sucht ihr in der Our, der Sauer und der Mosel vergeblich eine genaue Grenze, weil diese Flüsse in ihrer gesamten Breite gemeinschaftliches deutsch-luxemburgisches Hoheitsgebiet sind.
Vorsicht: Sollte die Grenze durch einen tiefen Fluss mit Strudeln und/oder Schiffsverkehr führen, sucht euch lieber eine Brücke, um die Grenze zu erreichen.
Ideen für das nächste Abenteuer: Wenn ihr Spaß daran habt, unbekannte Stellen in der Natur zu finden, sind geografische Spiele wie Geocaching oder die Suche nach Grenzsteinen und Konfluenzpunkten (hier treffen Längen- und Breitengrade zusammen) das Richtige für euch.

📖 **Karte · Kompass · GPS** von Reinhard Kummer, Conrad Stein Verlag, Basiswissen für draußen, ISBN 978-3-86686-685-0, € 8,90

Jugendherbergsnacht

Eine Übernachtung in einer Jugendherberge ist für die meisten Kinder viel schöner als in einer Ferienwohnung oder einem Hotel. Ihr trefft andere Familien, könnt gemeinsam essen und findet jede Menge Spielmöglichkeiten. Mitunter werden sogar Outdoor-Programme angeboten. Manche Jugendherbergen haben noch große Schlafsäle und Gemeinschaftsduschen im Keller, aber in den meisten erhaltet ihr ein Familienzimmer mit eigenem Bad.

Nehmt euch die Zeit, nach der richtigen Herberge für eure Familie zu suchen. Da gibt es moderne Häuser direkt an einem Badesee oder mit einem Klettergarten. Ihr könnt in alten Burgen, Schlössern, Kirchen und Mühlen schlafen. Sogar Baumhäuser, asiatische Jurten, afrikanische Lehmbauten und südamerikanische Pfahlbauten sind dabei.

Ein echtes Mikroabenteuer wird daraus, wenn ihr gar nicht so viel plant, sondern einfach eure Rucksäcke packt und zur nächsten Jugendherberge wandert. Denn oft kennt man zwar Jugendherbergen im nächsten Mittelgebirge, nicht aber vor der eigenen Haustür. Habt ihr kleine Kinder oder mehr Gepäck, als ihr tragen könnt? Nehmt einen Bollerwagen, Wanderwagen oder zum Jogger umgebauten Fahrradanhänger mit. Nun überlegt ihr euch eine abwechslungsreiche Wanderstrecke und geht los. Bestimmt steckt ihr schon voller Erlebnisse, wenn ihr an der Herberge ankommt. Dort bezieht ihr selbst eure Betten und entscheidet, wer in die oberen Betten klettern darf.

 Autoanreise
 Fahrradanreise
zu Fuß

Abenteuerlustige: alle in der Familie (leider sind in den meisten Herbergen Hunde nicht erlaubt)
Zeit: eine Nacht
Ausrüstung: Übernachtungssachen
Tipps & Tricks: Auf www.jugendherberge.de findet ihr alle deutschen Jugendherbergen.
Vorsicht: Ihr benötigt einen Jugendherbergsausweis. Den könnt ihr online oder bei Ankunft beantragen, er kostet € 22,50 im Jahr.
Ideen für das nächste Abenteuer: Zeltübernachtung, Tourist in der Heimat

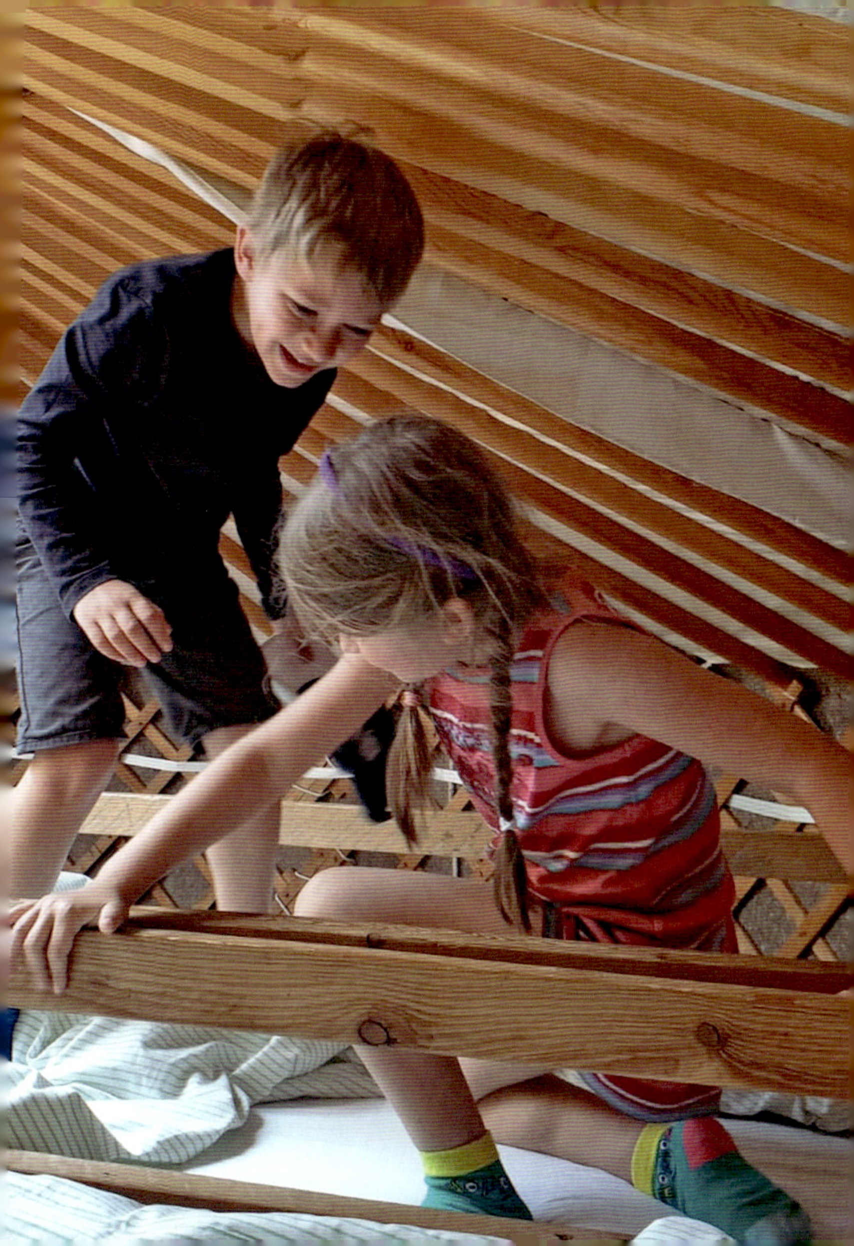

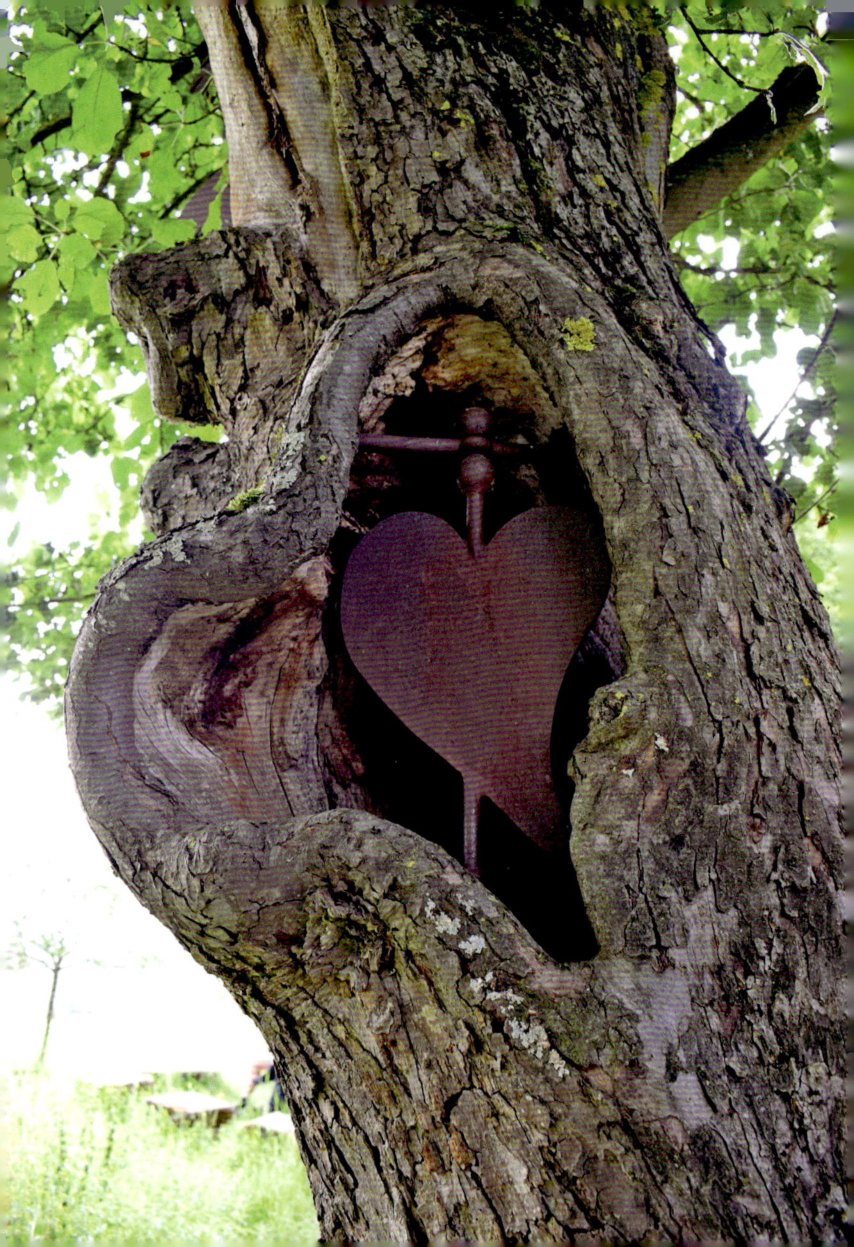

Liebesspaziergang

Eine befreundete britische Familie nennt dies Valentine Walk. Dahinter steckt folgende Idee: Wenn die Schule stressig, die Arbeit zu anstrengend und die Nachrichten zu frustrierend sind, wird bei einem Familienspaziergang gezielt nach Zeichen der Liebe gesucht, um die Stimmung aller zu heben.

Lasst euch ohne bestimmtes Ziel durch die Straßen oder über die Wege treiben. Das geht in der Stadt und auf dem Land gleich gut, auch wenn sich ganz verschiedene Funde machen lassen. Wenn ihr genau hinschaut, findet ihr überall Zeichen der Liebe. Dabei darf gerne auch fantasievoll gemutmaßt werden.

Das kann ein Stein oder ein Astloch in Herzform sein. Vielleicht entdeckt ihr im Park oder im Wald zwei Bäume, die so eng zusammenstehen, dass sie sich zu umarmen scheinen. Aus der Kirche kommt ein frisch vermähltes Brautpaar. Auf einer Blumenwiese umschwirren sich zwei Schmetterlinge, als würden sie in der Luft miteinander tanzen. Auf einem Werbeplakat küssen sich zwei Menschen. Ein Mädchen mit Herzchen auf dem Kleid kommt euch entgegen. In einem alten Baum findet ihr ein geschnitztes Herz mit zwei Initialen. Eine Mutter umarmt ihren Sohn an der Bahnhaltestelle. In einem Vorgarten wachsen rote Rosen, die Blumen der Liebe. Eine Seniorin schiebt ihren Mann im Rollstuhl durch den Park.

Ihr könnt vor dem Start überlegen, was ihr bei einem Fund macht: Umarmt oder küsst ihr euch alle? Notiert ihr eure Funde? Oder fotografiert ihr sie?

☺ bis zu drei verschiedene Funde
☺ bis zu fünf verschiedene Funde
☺ mehr als fünf verschiedene Funde

Abenteuerlustige: alle in der Familie
Zeit: 15 Minuten bis eine Stunde
Ausrüstung: Kamera, Notizblock und Stift
Tipps & Tricks: Je mehr Zeit ihr euch lasst, desto mehr findet ihr.
Vorsicht: Bitte nicht selbst ein Herz in einen Baum schnitzen.
Ideen für das nächste Abenteuer: Naturschnitzeljagd, Sprachen sammeln

Lost Places

Wie mag Dornröschens Schloss auf den Prinzen gewirkt haben, der hundert Jahre später an diesen Ort kam? Bestimmt waren die Außenmauern hoch mit Brombeerranken überwuchert, drinnen lag vieles durcheinander und war mit einer hohen Staubschicht bedeckt.

Nicht nur im Märchen gibt es das. Auch ganz in eurer Nähe findet ihr Gebäude, die seit langer Zeit ungenutzt sind, aber nicht abgerissen wurden. Darauf spezialisierte Mikroabenteurer nennen sich selbst Urban Explorers, ihre Tätigkeit Urban Exploring oder Urbexing und die besuchten Gebäude Lost Places. Wörtlich übersetzt sind das verlorene Plätze, aber wir sollten besser von verlassenen Orten sprechen.

Bei genauem Hinsehen könnt ihr auch in eurer Nähe solche Gebäude finden: Eine Burgruine. Ein stillgelegter Bahnhof. Eine nie an das Straßennetz angeschlossene Soda-Brücke (sie steht so da). Ein Hotel, aus dem schon vor vielen Jahren der letzte Gast abreiste. Ein verlassener Bauernhof mit quietschendem Scheunentor. Eine alte Fabrik. Ein verfallenes Gebäude in einer Ecke eines Kinderbauernhofs. Ein stillgelegter Freizeitpark.

Wie mag es gewesen sein, als dieses Gebäude noch für ihre ursprünglichen Zwecke genutzt wurde? Wer mag darin gelebt oder gearbeitet haben?

☺ von der Grundstücksgrenze betrachtet
☺ mit Erlaubnis (!) bis zum Gebäude gewagt
☺ im Rahmen einer Führung (!) das Gebäude erforscht

Abenteuerlustige: alle in der Familie, die vernünftig genug sind, um die Gefahren eines Lost Place zu erkennen
Zeit: bis zu mehreren Stunden
Ausrüstung: Kamera, feste Schuhe
Tipps & Tricks: Es gibt sogar Internetseiten zu Lost Places, zum Teil mit Links zu Anbietern von Führungen.
Vorsicht: Die meisten Lost Places dürfen nicht betreten werden. Ihr müsst euch nach den wenigen Exemplaren umsehen, bei denen es der Eigentümer und die Behörden erlauben. Bei manchen werden sogar Führungen angeboten.
Ideen für das nächste Abenteuer: City Bound, Geocaching

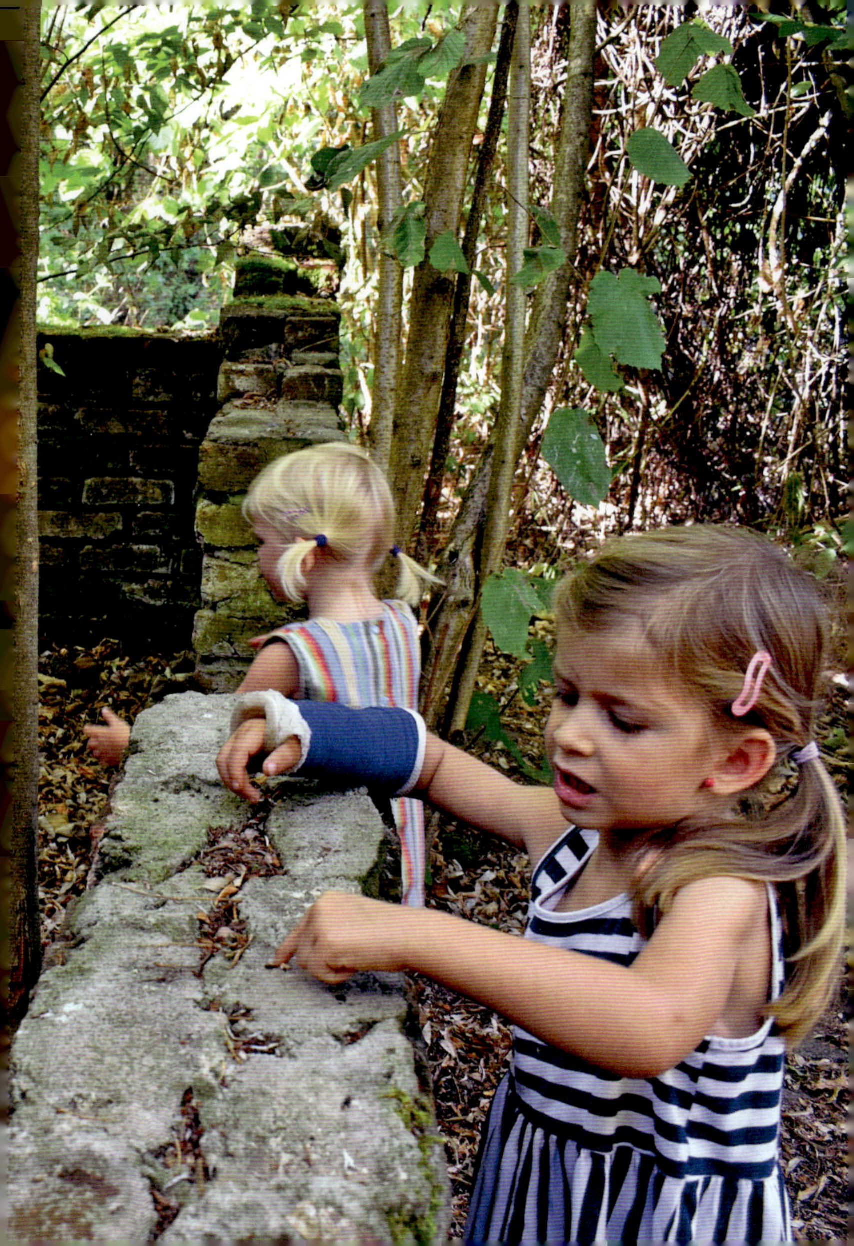

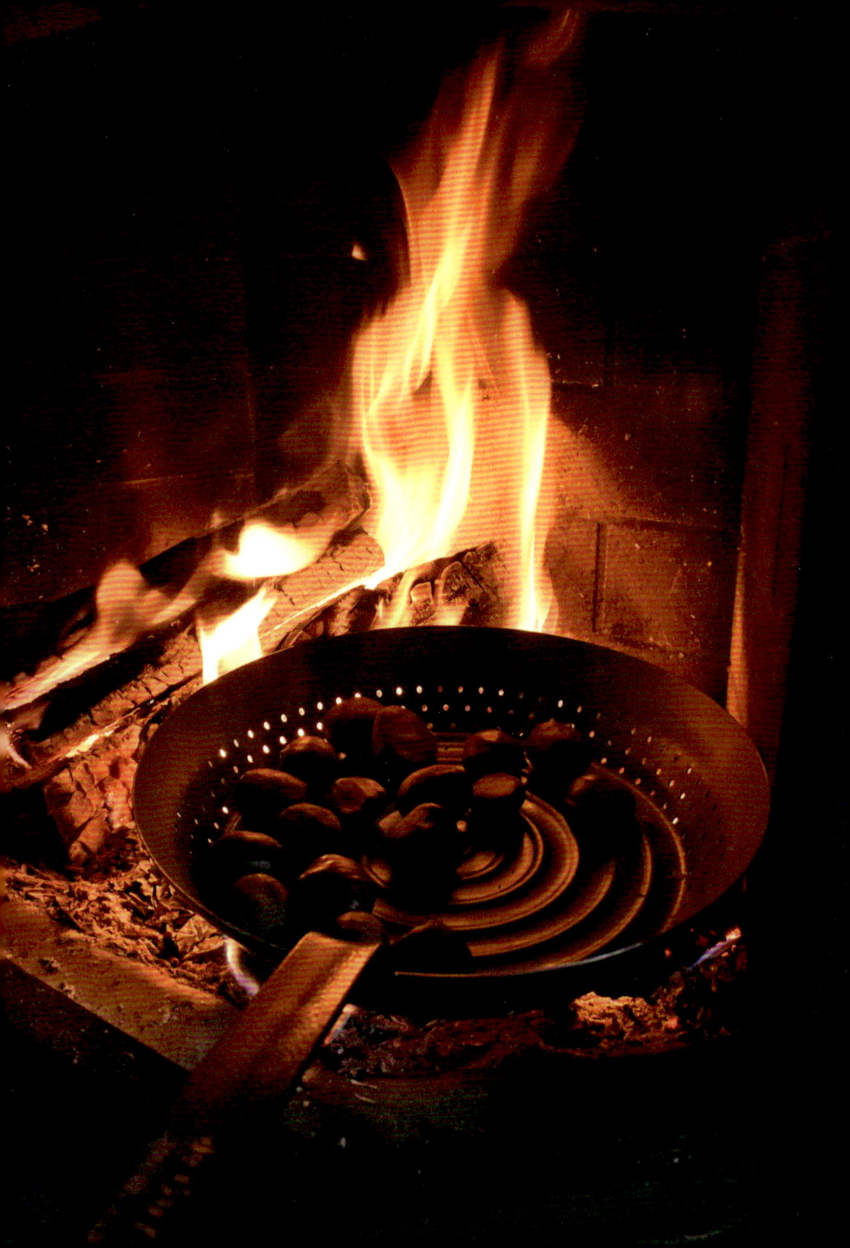

Maronen und Esskastanien sammeln und rösten

Eines der besten Outdoor-Abenteuer für den Herbst: Selbst geröstete Esskastanien! Beim Sammeln müsst ihr wissen: Von den etwa 20 verschiedenen Kastaniensorten sind zwei essbar: Esskastanien, auch Edelkastanien genannt, haben einen runden Bauch und laufen spitz zu. Die Spitze sieht aus wie ein kleiner Pinsel. Maronen sind speziell gezüchtete Esskastanien, sie sind etwas größer und aromatischer. Beide haben Hüllen mit vielen feinen Stacheln, die an einen zusammengerollten Igel erinnern. Roh sind beide Sorten ungiftig, aber nicht sehr bekömmlich. Erst wenn ihr sie kocht, dünstet, bratet oder röstet wird die Stärke aufgeschlossen und sie schmecken besser.

Den aromatischen Duft und das nussige Aroma entfalten sie beim Rösten am besten. Schneidet dazu auf der flachen Seite ein Kreuz in die Schale. Nun legt ihr sie auf ein Gitter oder in eine feuerfeste Pfanne über einem lodernden Lagerfeuer. Wenn ihr die Kastanien mit Wasser besprenkelt und wendet, brennen sie nicht so schnell an. Sie sind gar, wenn sie duften und die Schale sich bräunt und aufplatzt. Vorsicht, heiß! Sobald ihr sie anfassen könnt, schält ihr sie und esst alle auf! Diese glutenfreie Köstlichkeit steckt voller Stärke, Vitamine und Mineralien.

- ☻ auf dem Grill oder in der Pfanne
- ☻ im Kamin oder über dem Feuerkorb
- ☻ über einem Lagerfeuer

Abenteuerlustige: Alle sammeln und essen, das Einritzen und Rösten überlasst ihr den Großen!
Zeit: ein bis mehrere Stunden
Ausrüstung: gewelltes Messer zum Einschneiden, Lagerfeuer (oder Grill)
Tipps & Tricks: Auf 💻 https://mundraub.org könnt ihr gezielt nach Esskastanienbäumen suchen.
Vorsicht: Nicht mit Rosskastanien verwechseln! Das sind die dicken, runden Kastanien mit den harten, spitzen Stachelhüllen und den fünf Einzelblättern. Die schmecken eklig und sind für Menschen leicht giftig. Nehmt diese nur zum Basteln oder verfüttert sie an Wildschweine.
Ideen für das nächste Abenteuer: Basteln mit Kastanien und Eicheln, Stockbrot

Nachtwanderung

Einer der Höhepunkte der meisten Kindergruppenfahrten war schon immer die obligatorische Nachtwanderung. Ein solch unvergessliches Erlebnis geht auch in der Familie.

Für Anfänger eignet sich am besten eine Strecke, die ihr schon einmal tagsüber gelaufen seid. Wenn ihr sie nachts lauft, werdet ihr euch wundern. Vieles sieht bei Dunkelheit oder im Mondlicht ganz anders aus als bei Tageslicht. Unbekannte Geräusche und Gerüche umfangen euch. Die Häuser der Nachbarschaft wirken mit ihren beleuchteten Fenstern viel gemütlicher. Weint da ein Baby oder ist es eine liebestolle Katze?

Eine „beste Zeit" für eine Nachtwanderung gibt es nicht. Ihr könnt euch den Wecker ganz früh stellen und wandert dem Sonnenaufgang entgegen. Oder ihr startet in der Abenddämmerung und wandert in die Dunkelheit. Der Winter hat den Vorteil, dass es schon nachmittags dunkel wird. Für Familien mit Hund bietet sich in der Silvesternacht eine Nachtwanderung durch einen abgelegenen Wald besonders an. Mitten in der Natur und fernab der beängstigenden Böller könnt ihr das alte Jahr verabschieden und das neue Jahr begrüßen.

Im Juli könnt ihr Glühwürmchen beim nächtlichen Tanz zusehen. Besonders schön ist eine Nachtwanderung bei Vollmond und klarem Himmel. Dann ist es so hell, dass ihr gar keine andere Lichtquelle benötigt. Vielleicht wollt ihr bei einer sommerlichen Vollmondwanderung sogar euren Badesee ansteuern und euch darin erfrischen.

☺ eine kleine Hunderunde bei Nacht
☺ eine Nachtwanderung mit Taschenlampen
☺ eine Wanderung im Dunkeln

Abenteuerlustige: alle in der Familie
Zeit: bis zu mehreren Stunden
Ausrüstung: Wanderausrüstung, Verpflegung, Wasser. Für den Notfall: eine gute Taschen- oder Stirnlampe, Smartphone, GPS.
Tipps & Tricks: Es gibt sogar spezielle Nachtcaches, also Geocaches, die nur bei Nacht gelaufen und gehoben werden können.
Vorsicht: Verliert euch bei der Tour nicht aus den Augen.
Ideen für das nächste Abenteuer: Fackelwanderung, Sonnenaufgang erwarten

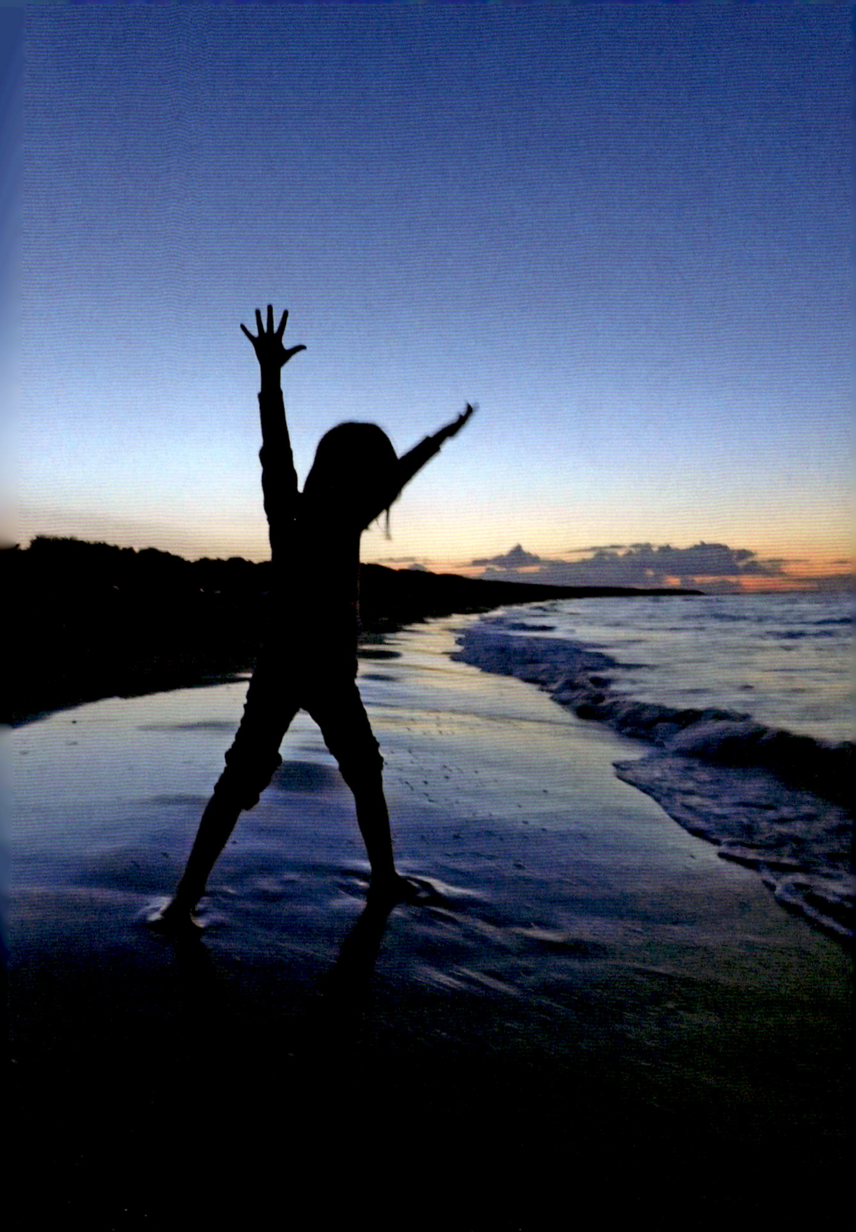

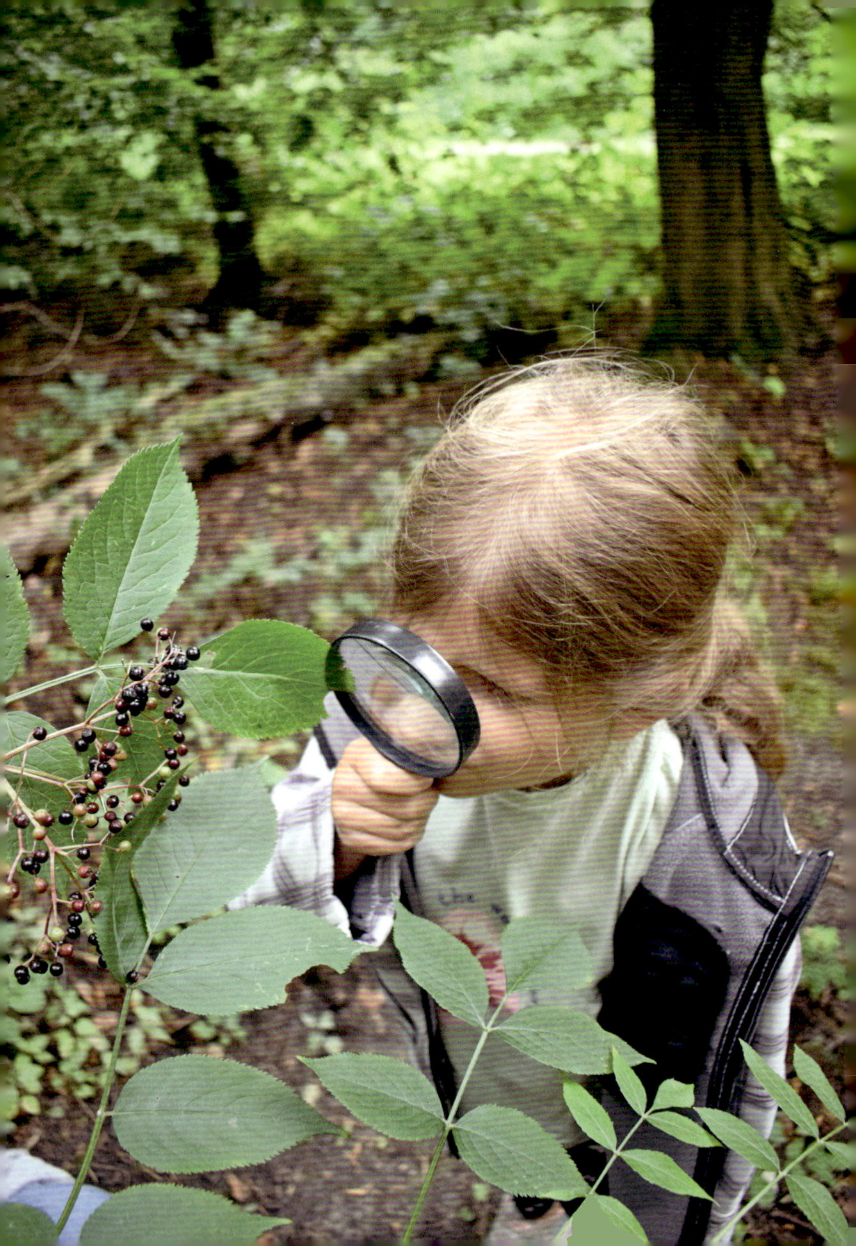

Natur beobachten

Sobald wir die Wohnung verlassen, finden wir Natur. Manchmal kommt sie sogar zu uns herein und wir können Herbstlaub, Spinnchen oder Pappelsamen in unserer Küche begrüßen.

Bei diesem Abenteuer kommt es auf gute Augen an. Je langsamer ihr geht, desto mehr Besonderheiten werden euch auffallen. Also setzt euch kein Ziel, lasst euch einfach treiben.

Ist das dort eine Biene oder eine Wespe? Wie heißt dieser Strauch mit den leuchtend roten Beeren? Wohnt die Spinne noch in diesem hübschen Spinnennetz oder ist sie schon umgezogen? Von welchem Nachbarshund mögen diese Pfotenspuren im Matsch sein? Sind diese Natursteintreppen aus Marmor, Granit oder Schiefer? Welcher Vogel fliegt/singt denn da? Wie viele Punkte hat denn dieser Marienkäfer? Ist das eine Kiefer oder eine Kastanie?

Je häufiger ihr dies macht, desto geschulter wird euer Blick und ihr könnt sogar in trostlosen „Vorgärten des Grauens“ die Natur beobachten: Wächst da nicht ein kleines Hornveilchen zwischen den Kieseln – und krabbeln dort nicht ganz viele Ameisen über den Betonplattenweg?

- ☺ (grün) einfach nur schauen und genießen
- ☺ (gelb) die Namen mit einem Buch oder einer App herausfinden
- ☺ (rot) die Namen ohne Nachschlagen bestimmen

Abenteuerlustige: alle in der Familie
Zeit: wenige Minuten bis mehrere Stunden
Ausrüstung: Grundsätzlich ist keine besondere Ausrüstung nötig, aber Kamera, Fernglas, (Becher-)Lupe und Bestimmungsbuch helfen beim Beobachten.
Tipps & Tricks: Es gibt viele gute Apps zum Bestimmen von Tieren, Pflanzen und Gesteinen, z. B. Flora Incognita (für Blumen, Sträucher, Bäume, Gräser und Farne), BirdNET (Vogelstimmen) oder Picture Insect (Insekten).
Vorsicht: Bitte auf den Straßenverkehr achten.
Ideen für das nächste Abenteuer: Fotosafari vor eurer Haustür, Tourist in der Heimat

Naturschnitzeljagd

Bei einer Naturschnitzeljagd könnt ihr die Natur in eurer Umgebung auf besonders spannende Weise inspizieren.

Sucht euch zunächst ein Thema aus, z. B. Frühling, Insekten, Farben, Blätter, Blüten ... Für den Anfang geht auch das Thema Natur ganz allgemein. Nun erstellt ihr eine Liste der Dinge, die ihr vermutlich finden werdet. Beim Thema Herbst könnten das z. B. Blume, Pfütze, Spinnennetz, Pilz, Regenwurm, braunes Blatt, rotes Blatt, gelbes Blatt, grünes Blatt, Schnecke, Zweig, Kürbis, Vogel, Kiefernzapfen, Wolke, nasser Stein, Eichhörnchen und immergrüner Baum sein. Ganz unten noch ein kleines Feld mit dem Text: „Was haben wir außerdem entdeckt?" Gehören kleinere Kinder zu eurer Familie, malt oder druckt ihr die passenden Bilder zu den Stichworten aus, damit sie problemlos mitsuchen können. Wollt ihr die Liste wiederverwenden, laminiert ihr sie vor eurem Start.

Legt eine bestimmte Zeit fest, in der ihr durch euren Ort, den Park oder den Wald lauft. Werdet ihr am Ende alle Dinge gefunden haben? Vielleicht sogar früher fertig sein?

Nun geht es los: Alles Gefundene wird abgehakt, ausgemalt, angekreuzt oder durchgestrichen, ganz wie ihr wollt. Ist eure Familie groß genug, könnt ihr euch auch aufteilen und gegeneinander antreten. Wieder zu Hause habt ihr nun viel Gesprächsstoff rund um die Natur: Was habt ihr als Erstes gefunden? Was war besonders schwierig? Was gefiel euch am besten?

☻ Ihr habt mehr als die Hälfte gefunden.
☻ Ihr habt alles gefunden.
☻ mit Beweisfotos

Abenteuerlustige: alle in der Familie
Zeit: eine bis mehrere Stunden
Ausrüstung: selbst erstellter Suchzettel + Stift, vielleicht Laminiergerät und Kamera
Tipps & Tricks: Fertige Aufgabenzettel findet ihr im Netz, nehmt den Suchbegriff „Naturschnitzeljagd" – oder „nature scavenger hunt", wenn ihr gleichzeitig Englisch üben wollt.
Vorsicht: Bitte lebende Tiere nicht zu Beweiszwecken mitnehmen!
Ideen für das nächste Abenteuer: Geocaching, Natur entdecken

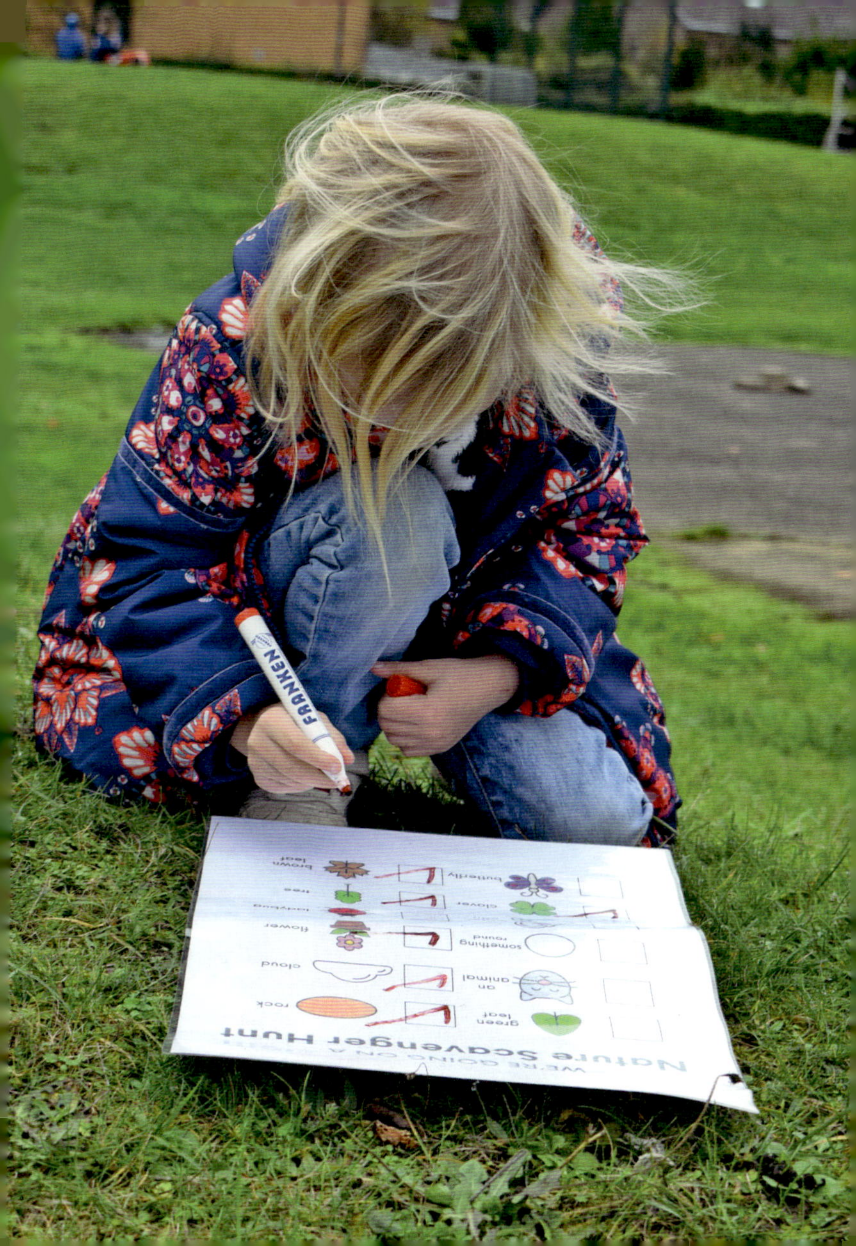
FRANKEN
Nature Scavenger Hunt
green leaf
rock
an animal
cloud
something round
flower
ladybug
clover
tree
butterfly
brown leaf

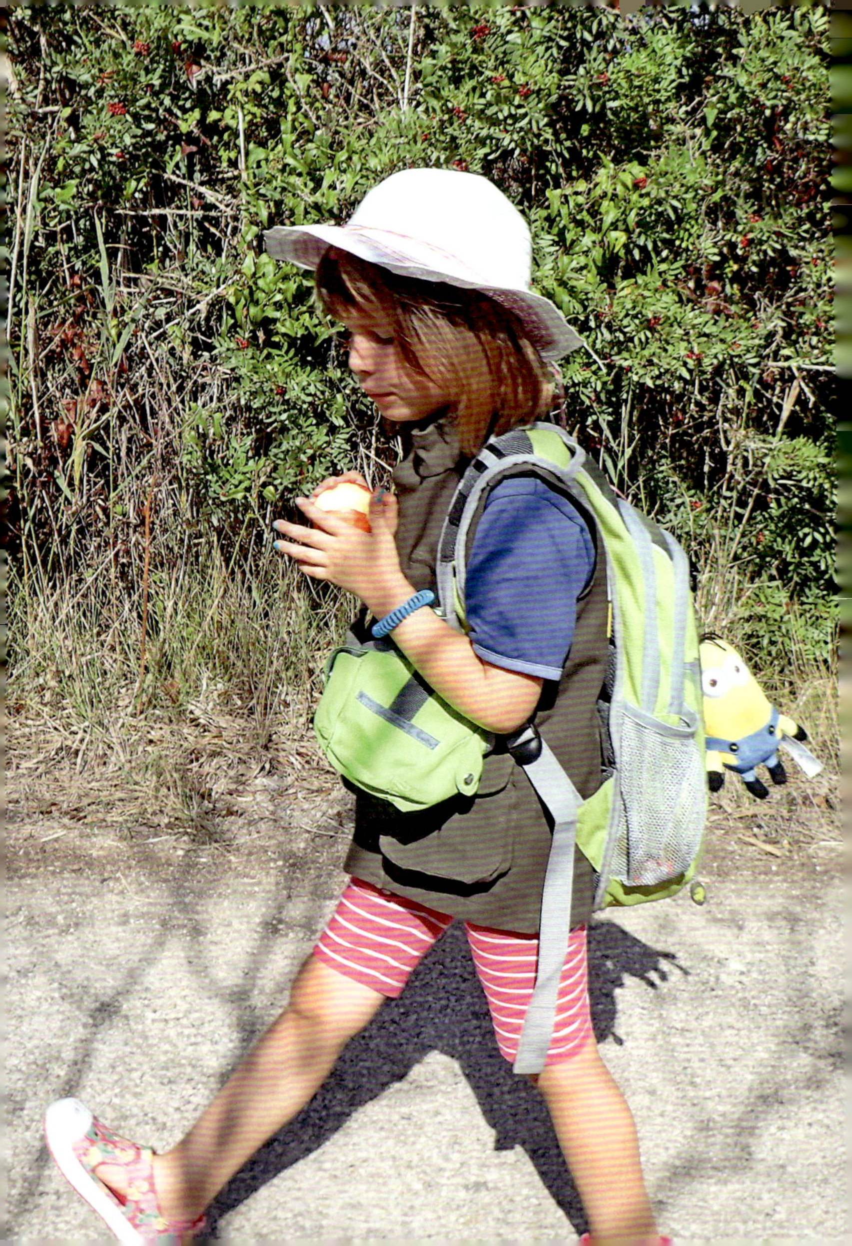

Rundwanderung

Bei dieser Wanderung nehmt ihr eine topografische Karte oder einen Stadtplan eurer unmittelbaren Umgebung. Sucht euer Zuhause und zieht einen Kreis um diesen Mittelpunkt. Das geht mit einer Münze, einem Trinkglas oder einem Zirkel.

Nun schaut ihr nach Wegen und Straßen, die der Kreislinie besonders nah kommen. Das ist die Strecke für eure Rundwanderung. Wenn es ein kleiner Kreis ist, dürften euch die möglichen Wege bekannt sein. Lauft diese Runde trotzdem. Vielleicht findet ihr ja doch noch einen neuen Schleichweg. Bei größeren Kreisen findet ihr bestimmt Stellen, die keiner von euch kennt, nicht einmal die Erwachsenen, die hier aufgewachsen sind. Denn weil der Mensch ein Gewohnheitstier ist, geht er gerne bereits bekannte Wege, auch wenn diese nach Baumaßnahmen gar nicht mehr die kürzesten oder schönsten sind.

Beginnt mit einem kleinen Radius, bei dem ihr quasi nur einmal ums Haus geht. Wenn das Spaß gemacht hat, wählt ihr immer größere Kreise. Am Ende schafft ihr es vielleicht sogar einmal um die ganze Stadt. Das muss nicht unbedingt zu Fuß sein. Wenn ihr vermutet, dass es die Wegbeschaffenheit zulässt, nehmt Roller oder Räder mit.

- 🟢 kleine Runde durch die Siedlung
- 🟡 große Runde durch das Dorf oder den Stadtteil
- 🔴 Wanderrunde mit Übernachtung

Abenteuerlustige: alle in der Familie
Zeit: Wenige Minuten bis mehrere Tage
Ausrüstung: Stadtplan oder topografische Karte, Bleistift, bei längeren Touren Proviant
Tipps & Tricks: Wer markierte Routen vorzieht, kann bei der ganz großen Runde auf markierte Wege – wie den Kassel-Steig, den Kölnpfad oder Panoramaweg Baden-Baden – ausweichen.
Vorsicht: Sind Schnellstraßen oder Autobahnen auf eurer Kreisbahn, nehmt ihr einen ruhigeren Parallelweg.
Ideen für das nächste Abenteuer: Würfel-Navigation, Trailfinding

Samenbomben werfen

Bei diesem herrlich matschigen Abenteuer tut ihr der Natur etwas Gutes. Sammelt dafür im Sommer bei Wanderungen, Ausflügen und Mikroabenteuern die reifen Samen von Blumen, die euch besonders gut gefallen. Findet ihr Fette Henne, Gänseblümchen, Glockenblume, Hahnenfuß, Kamille, Kapuzinerkresse, Kornblume, Lavendel, Leinkraut, Lichtnelke, Löwenzahn, Mohn, Natternkopf, Ringelblume, Sonnenblume, Wicke, Wiesen-Flockenblume, Wilde Malve oder Wilde Möhre?

Wenn ihr es eilig habt, könnt ihr auch eine fertige Wildblumenmischung nehmen. Bewahrt die Samen an einer trockenen Stelle auf, bis ihr daraus so genannte „Seedbombs" baut.

Das geht ganz einfach: Ihr nehmt gesiebte Blumenerde und Tonerde zu gleichen Teilen, fügt Blumensamen hinzu (am besten im Verhältnis 4:4:1) und mischt alles gut durch. Nun kommt der beste Teil: Ihr gebt das Wasser tropfenweise hinzu und knetet alles gut durch. Das Ergebnis muss sich anfühlen wie ein guter Kuchen- oder Keksteig. Formt daraus Kugeln und lasst sie drei Tage trocknen. Dabei wendet ihr sie immer wieder, damit sie gleichmäßig trocknen.

Nun könnt ihr die Samenbomben sofort werfen oder bis zum nächsten Frühjahr warten, das ist die beste Zeit dafür. Beliebte Stellen sind Wegränder und die Baumscheiben rund um innerstädtische Alleebäume.

☺ fertig gekaufte Samenbomben werfen
☺ selbst gemachte Samenbomben
☺ selbst gemachte Samenbomben aus selbst gesammelten Samen

Abenteuerlustige: alle in der Familie
Zeit: mehrere Stunden
Ausrüstung: 400 g Blumenerde ohne Torf, 400 g Tonerde/Tonpulver, 100 g Samen, Wasser
Tipps & Tricks: Der ideale Zeitpunkt für einen Samenbombenwurf ist kurz vor einem Regenguss.
Vorsicht: Außerhalb eures Gartens sind nur „gebietseigene" Samen erlaubt. Auf fremden Grundstücken, im Naturschutzgebiet und auf landwirtschaftlich genutzten Flächen sind Samenbomben verboten.
Ideen für das nächste Abenteuer: Herbarium anlegen, Stockbrot backen

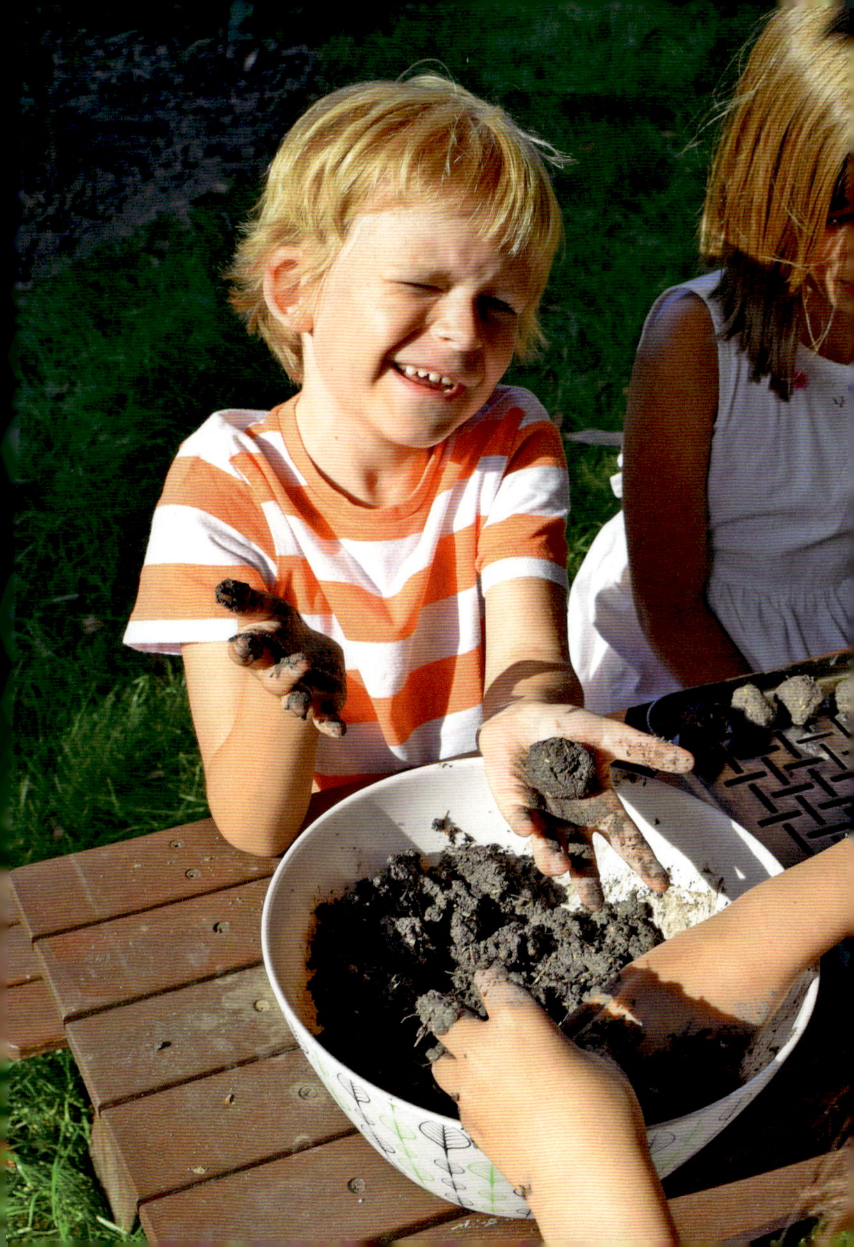

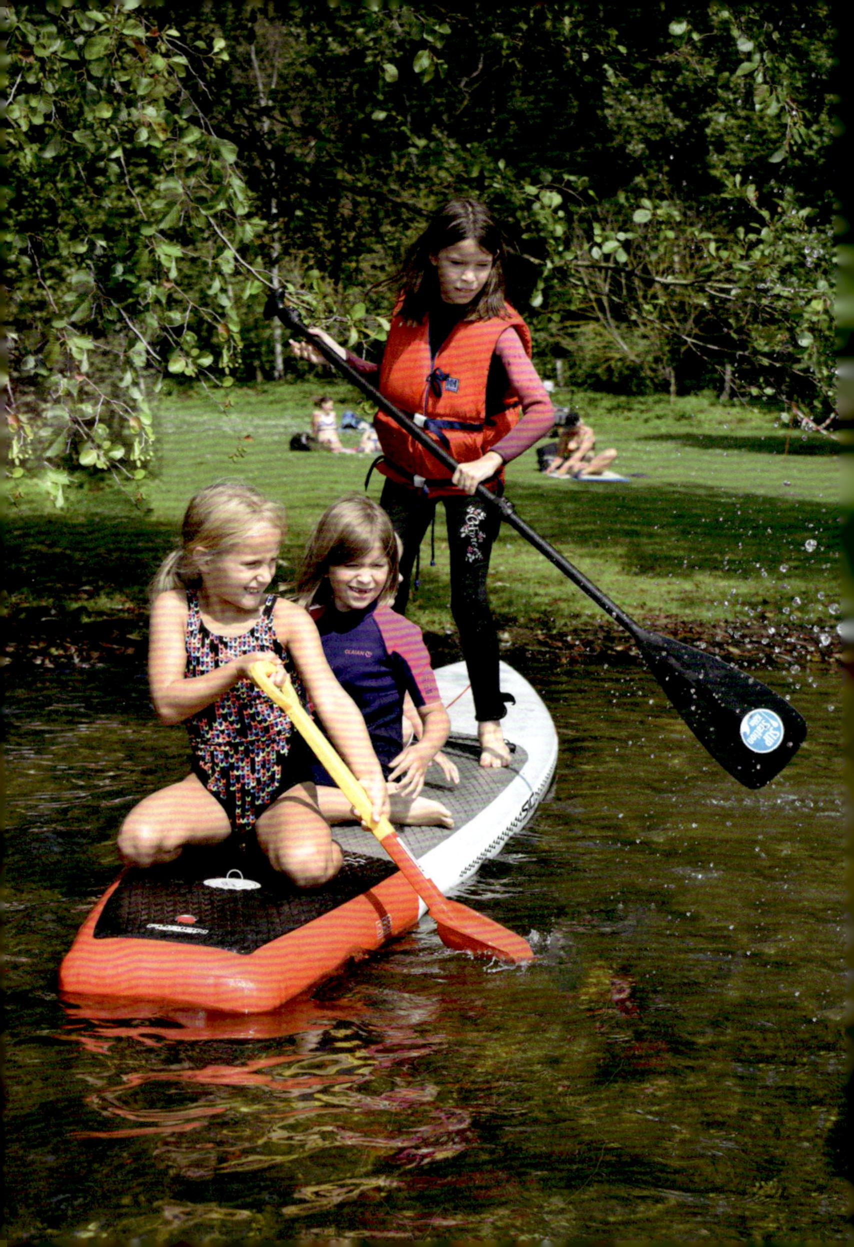
SUP Station

Schnupperkurs

Wichtig bei Mikroabenteuern ist es, sich auf etwas Neues und Unbekanntes einzulassen. Das kann auch eine neue Sportart sein, an die ihr euch (noch) nicht herangewagt habt, weil ihr dafür eure Komfortzone verlassen müsstet. Woher wollt ihr aber wissen, ob euch etwas gefällt, wenn ihr es noch nie ausprobiert habt?

Für die meisten Sportarten werden Probestunden, Schnupperkurse oder Ferienprogramme angeboten. Das ist in zeitlicher und finanzieller Hinsicht überschaubar und birgt die Chance, etwas Neues zu lernen, das richtig Spaß macht und/oder beim nächsten Mikroabenteuer nützlich ist.

Wenn ein Mini-Mikroabenteurer endlich das erste Schwimmabzeichen hat, könnt ihr mehr Aktivitäten am und im Wasser wagen. Eine Einführungsstunde auf dem SUP-Board (Stand-up-Paddling) bringt euch vielleicht auf die Idee, auf diesem Board mit wasserdichten Packsäcken zu einer Outdoornacht zu paddeln. Ein Schnupperkurs im Felsklettern, Abseilen oder Bouldern hilft beim nächsten Mikroabenteuer in den Bergen. Und nach einem Schnuppertauchgang macht ihr vielleicht den Tauchschein, um auch unter Wasser kleine Abenteuer zu erleben.

Denkt bei der Wahl des Probetrainings auch an Aktivitäten wie Bogenschießen, Bushcrafting, Coasteering, Crossgolf, Erdofenbau, Erste Hilfe, Imkerlehrgänge, Knotenkunde, Kräuterwanderungen, Outdoor-Fotografie, Schnorcheln, Slacklining, Surfen und Wetterkunde.

- ☺ (grün) Dazu seid ihr bislang nur noch nicht gekommen.
- ☺ (gelb) Dafür müsst ihr etwas über euren Schatten springen.
- ☺ (rot) Eindeutig außerhalb eurer Komfortzone.

Abenteuerlustige: alle in der Familie, je nach Interesse und Komfortzone
Zeit: wenige Stunden bis mehrere Tage
Ausrüstung: abhängig von der Kursart
Tipps & Tricks: Zum Ausprobieren gehört auch das Scheitern. Dann nicht traurig sein und etwas anderes ausprobieren.
Vorsicht: Bitte setzt euch nicht gegenseitig unter Druck.
Ideen für das nächste Abenteuer: Trailfinding, City Bound

Spielplatzsafari

Bei einer Großwildsafari möchten die Teilnehmer möglichst viele verschiedene Tiere beobachten. Bei einer Spielplatzsafari macht ihr euch auf die Suche nach möglichst vielen verschiedenen Spielgeräten.

Macht euch zu Hause eine Liste mit den Spielgeräten, die ihr finden wollt. Das können ganz normale Rutschen, Schaukeln und Sandkästen sein. Oder die etwas selteneren Babyschaukeln, Nestschaukeln, Schaukeltiere, Wippen, Karussells und Klettergerüste. Vielleicht mögt ihr es noch spezieller und wollt einen Niedrigseilgarten, eine Breitrutsche, einen Matschplatz, eine Wasserpumpe, eine Seilbahn, eine Hängematte, eine Tischtennisplatte, ein Fußballtor oder einen Basketballkorb finden. In jedem Fall solltet ihr Platz für Geräte lassen, die ihr neu entdeckt und mit denen ihr gar nicht gerechnet hattet.

Nun startet ihr und klappert so viele Spielplätze ab, bis ihr alle Spielgeräte auf eurer Liste gefunden habt. Das ist natürlich umso spannender, wenn ihr nur Spielplätze ansteuert, auf denen ihr vorher noch nie gespielt habt.

☺ Ihr könnt die Hälfte eurer Liste abhaken.
☺ Ihr könnt alle Spielgeräte auf eurer Liste abhaken.
☺ Ihr probiert alle Spielgeräte aus (auch die Erwachsenen!).

Abenteuerlustige: alle in der Familie
Zeit: mehrere Stunden
Ausrüstung: Grundsätzlich ist keine besondere Ausrüstung nötig, für den Weg zu den Spielplätzen vielleicht Roller oder Fahrräder. Je nach Dauer der Safari benötigt ihr Proviant. Und die richtigen Bälle, wenn ihr z. B. Tischtennisplatte, Fußballtor oder Basketballkorb auf der Liste habt.
Tipps & Tricks: In manchen Städten gibt das Jugendamt einen speziellen Kinderstadtplan heraus, auf dem alle Spielplätze eingezeichnet sind.
Vorsicht: Bitte unbedingt den Fahrradhelm abnehmen, bevor ihr auf ein Klettergerüst klettert. Strangulationsgefahr!
Ideen für das nächste Abenteuer: Sprachen sammeln, Fotosafari, City Bound

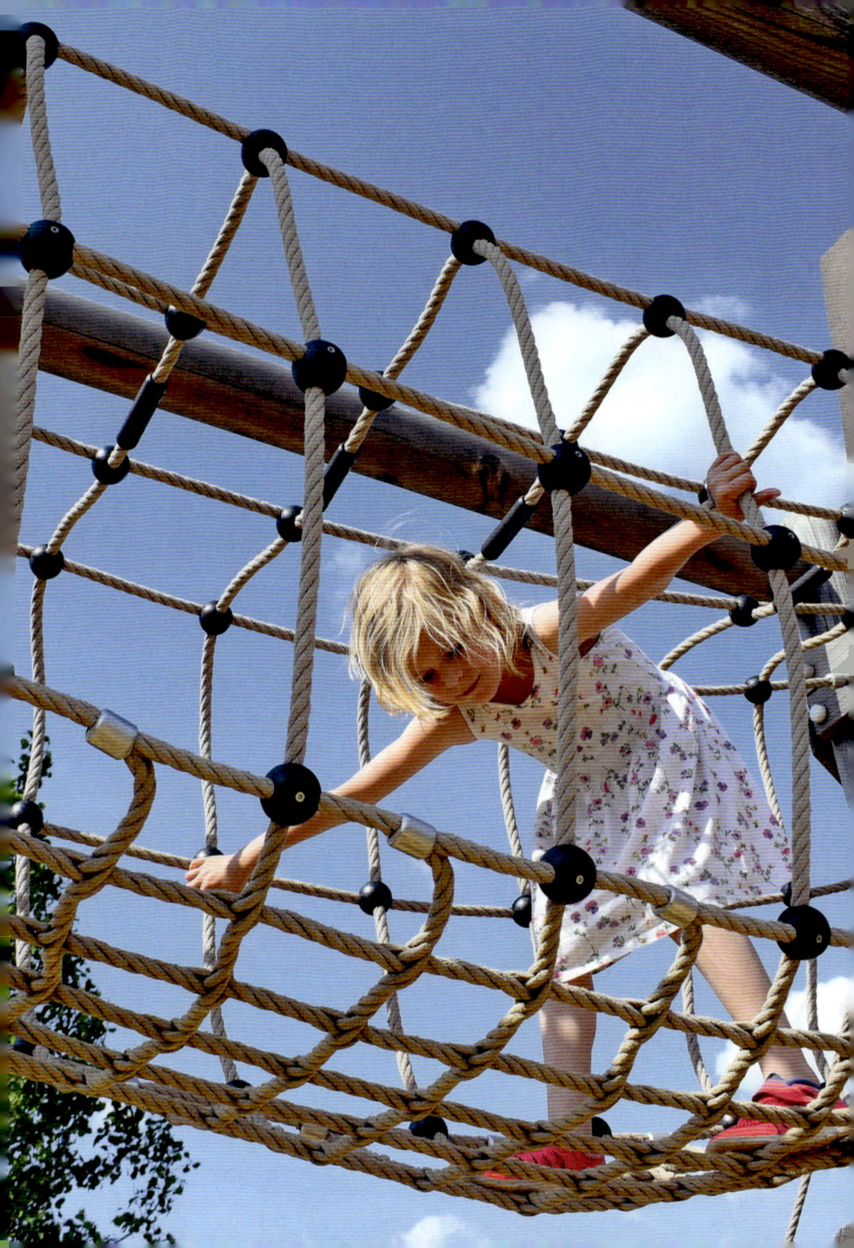

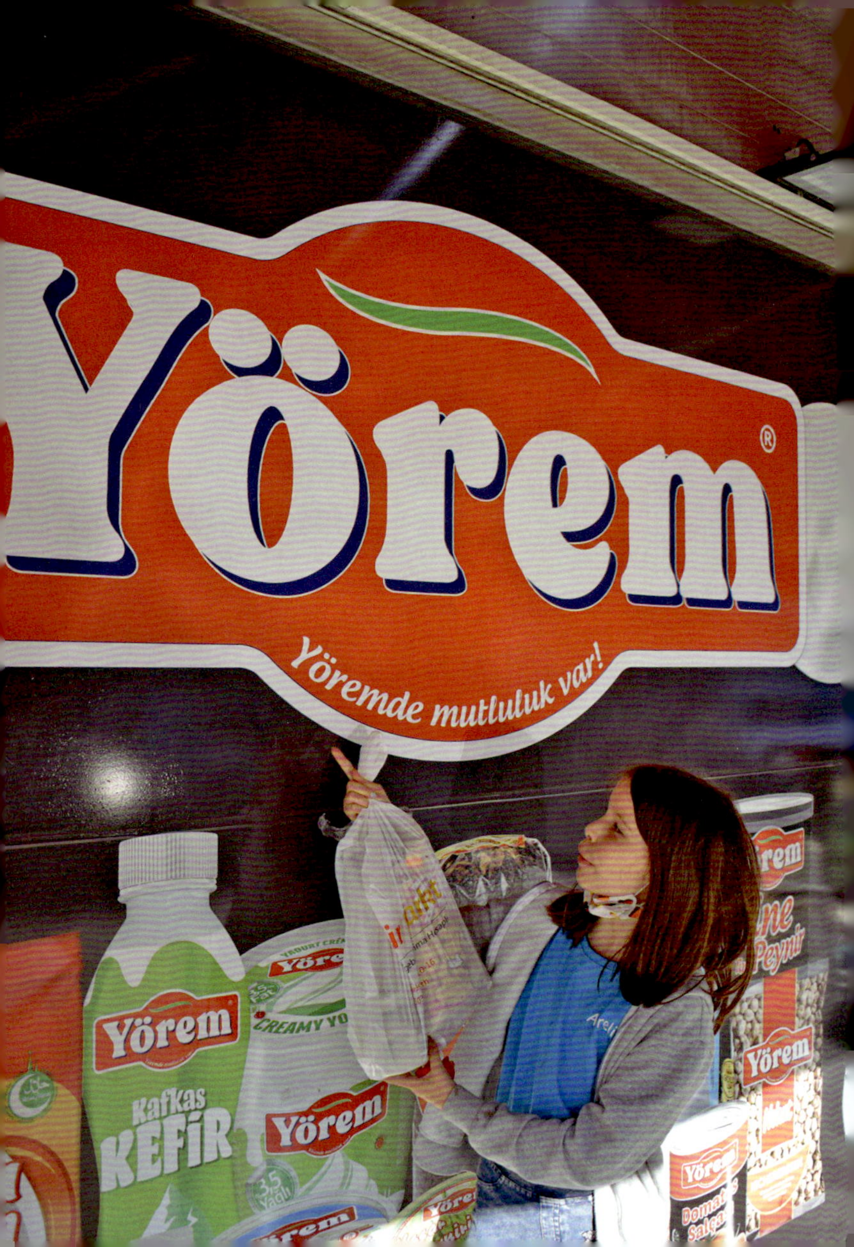
Yörem®
Yöremde mutluluk var!
Yörem
Kafkas KEFİR
Yörem
Yörem
Yörem

Sprachen sammeln

Wie international geht es in eurem Dorf oder eurem Stadtviertel zu? Eine erste Antwort auf diese spannende Frage könnt ihr euch selbst geben. Dazu spaziert ihr einfach los und schaut euch nach Werbetafeln von Geschäften, Klingelschildchen und anderen Hinweisen auf fremde Sprachen um.

Entdeckt ihr beim Bäcker ein Croissant? Dann notiert ihr die Sprache Französisch. Nebenan gibt es Frikandeln? Der Inhaber könnte aus den Niederlanden stammen. Manchmal ist auch Detektivarbeit gefragt – oder könnt ihr schon an der Fritattensuppe und dem Ribiselsaft auf der Speisekarte erkennen, dass es sich um ein österreichisches Restaurant handelt?

Haltet außerdem die Ohren offen. Singen die beiden Jugendlichen da an der Bushaltestelle einen englischen oder einen amerikanischen Song? Die beiden Frauen unterhalten sich in einer vollkommen fremden Sprache? Lächelt sie an und fragt nach! Im Radio eines vorbeifahrenden Autos wird Vamos a la Playa gespielt? Aha, Spanisch!

Wenn ihr es nicht dem Zufall überlassen wollt, steuert ihr ganz gezielt das italienische Eiscafé, den türkischen Gemüseladen oder die japanische Sushibar an.

Wenn ihr euch traut, ist es besser, kurz nachzufragen, als zu raten. Nicht jeder kann Spanisch und Portugiesisch unterscheiden. Für die meisten Europäer sehen alle ostasiatischen Schriftzeichen gleich aus. Vielleicht kommt ihr ja sogar ganz nett ins Gespräch und findet noch viel mehr heraus als nur den Namen der Sprache.

☺ bis zu 3 Sprachen
☺ bis zu 5 Sprachen
☺ mehr als 5 Sprachen

Abenteuerlustige: alle in der Familie, die lesen und/oder gut zuhören können
Zeit: 15 Minuten bis mehrere Stunden
Ausrüstung: Notizblock
Tipps & Tricks: Bei Restaurants und Lebensmittelläden werdet ihr am schnellsten fündig.
Vorsicht: Bitte den Straßenverkehr beachten.
Ideen für das nächste Abenteuer: City Bound, Tourist in der Heimat

Steinreich

Kinder lieben Steine. Sie sammeln glatte Kiesel an Flüssen und am Meer. Sie freuen sich an Schieferplatten und Katzengold am Wegesrand. Aber das Größte ist eine Fossiliensuche.

Wo findet ihr Fossilien? Dafür ist es gut, wenn ihr euch etwas mit der Erdgeschichte auskennt. Denn überall dort, wo sich vor 150 Millionen Jahren das subtropische Jurameer befand, tummelten sich Urtiere wie Ammoniten, Fische und Vögel. Wenn sie starben, sanken sie auf den Meeresgrund und der Schlamm schloss sie luftdicht ein. Die Körper verrotteten, die Knochen und Schalen versteinerten. Viele Schlammschichten wurden zusammengepresst und bildeten Gesteine, in denen die Versteinerungen uralter Tiere und Pflanzen als Fossilien erhalten blieben. An jeder Stelle mit Ablagerungsschichten aus dem Jurameer könnt ihr fündig werden. Oder schaut im Internet nach Fossilienackern, offiziellen Fossiliensammelstellen oder Steinbrüchen, in denen es erlaubt ist, nach Fossilien zu suchen. Ist es in der Nähe, macht ihr eine Radtour, ansonsten nehmt ihr das Auto (das ist auf dem Rückweg auch gut für den Transport eurer schweren Ausbeute).

Vielleicht macht ihr im Abraum vorheriger Steinsammler schon einen ersten Fund. Ansonsten nehmt ihr euch eine dickere Platte, setzt den Meißel an der Seite zwischen den Ablagerungsschichten an und teilt die Platte mit einem beherzten Hammerschlag.

- ☺ Ihr habt einen vergnügten Tag im Steinbruch.
- ☺ Ihr werdet bei den bereits geschlagenen Steinen fündig.
- ☺ Ihr schlagt selbst ein Fossil aus dem Stein.

Abenteuerlustige: alle in der Familie
Zeit: einige Stunden
Ausrüstung: feste Schuhe, robuste Kleidung, Proviant, Hammer & Meißel, evtl. Schutzbrillen
Tipps & Tricks: Plant viel Zeit ein und nehmt robuste Taschen für die Ausbeute mit.
Vorsicht: Erste-Hilfe-Set für Unfälle beim Hämmern mitnehmen!
Ideen für das nächste Abenteuer: Steine springen lassen, Wanderstock schnitzen

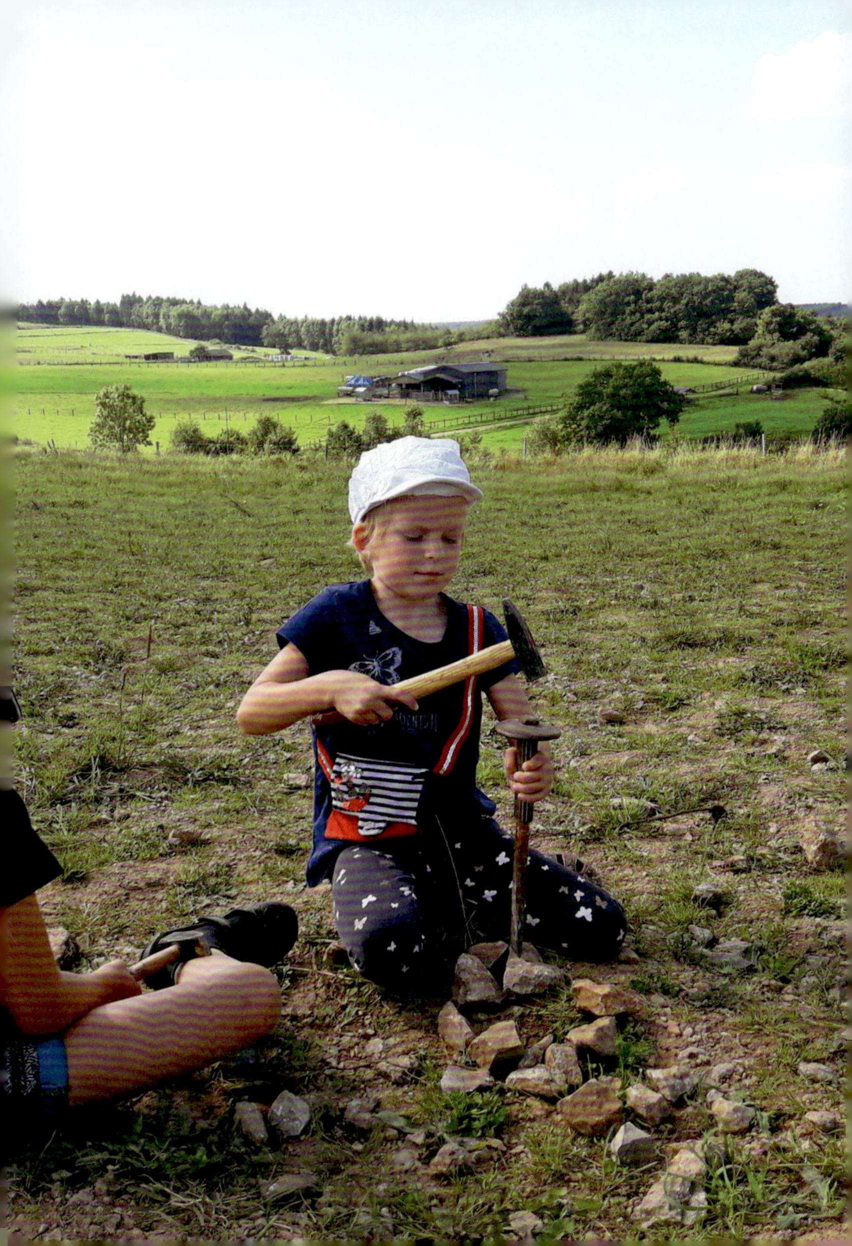

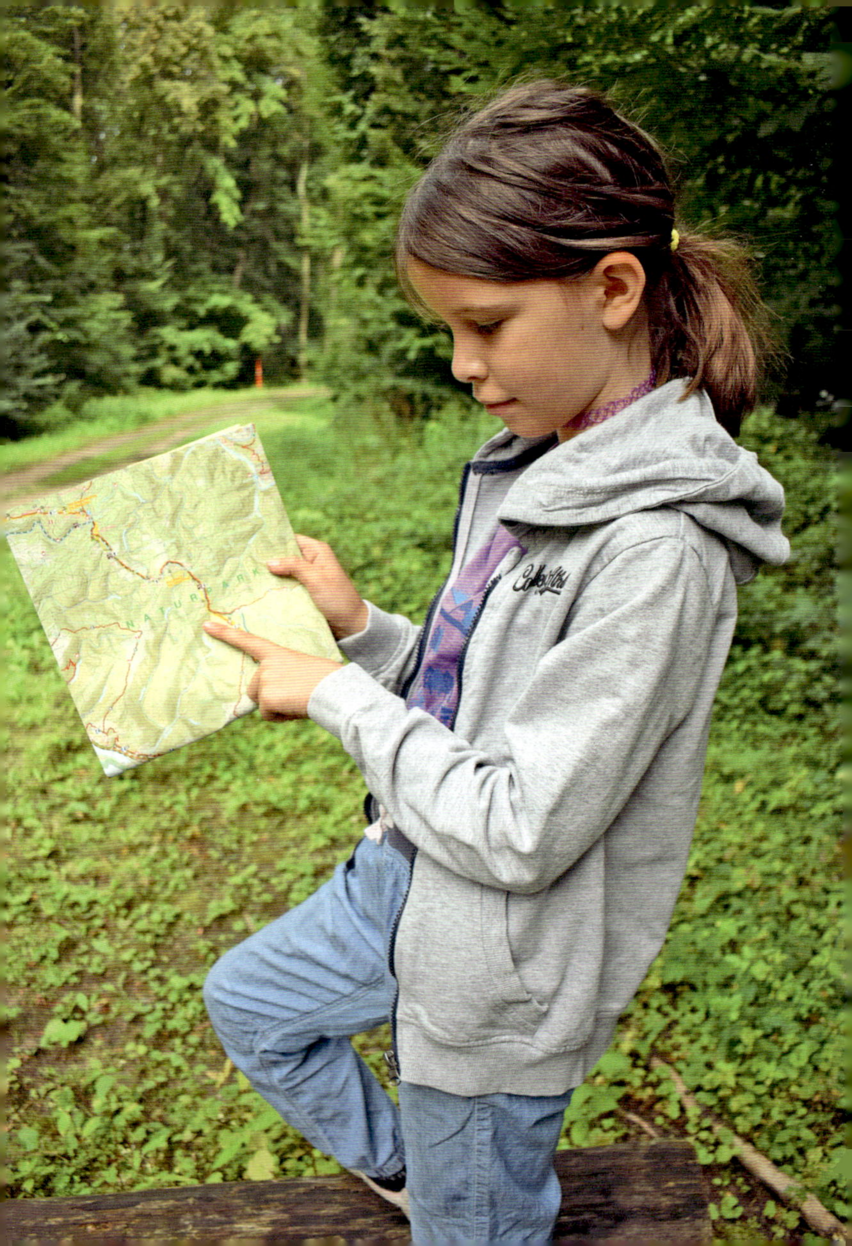

Trailfinding

Die Orientierung ohne Karte, Kompass oder GPS nennt sich Trailfinding. Wichtig ist, dabei die Himmelsrichtungen an eurem Standpunkt zu kennen. Dafür gibt es unfassbar viele traditionelle Methoden. Die einfachsten sind:

Sonne – „Im Osten geht die Sonne auf, im Süden hält sie Mittagslauf, im Westen wird sie untergehen, im Norden ist sie nie zu sehen." Diese Eselsbrücke funktioniert an klaren Tagen prima.

Mond – Geht der Mond auf, bevor die Sonne untergegangen ist, zeigt seine beleuchtete Seite die ganze Nacht nach Westen. Geht er nach Mitternacht auf, zeigt die beleuchtete Seite nach Osten.

Sterne – Findet ihr am Himmel den Großen Wagen? Verlängert die Hinterachse (das ist die Seite, wo keine weiteren Sterne die Deichsel bilden) fünfmal und entdeckt den Polarstern. Dieser kleine, helle Stern wird auch Nordstern genannt, weil er stets genau im Norden steht.

Moose und Flechten – brauchen Schatten und Feuchtigkeit. Wir befinden uns im Westwindgürtel, auf der Nordseite ist es besonders schattig, deshalb mögen diese Pflanzen die Nordwestseite von Bäumen am liebsten.

Architektur – Bei vielen alten Kirchen weist die Frontseite (Haupteingang) nach Osten. Die Gebetsnische (Mihrab) in Moscheen zeigt nach Mekka, das liegt von Deutschland aus im Südosten.

Technik – Die meisten Satellitenschüsseln sind in Deutschland nach Süden ausgerichtet.

Wagt ihr euch, je einen Kilometer in jede Himmelsrichtung zu gehen? Seid ihr wieder am Startpunkt? Gratuliere!

- ☻ Himmelsrichtung bestimmen vor der Haustür
- ☻ Himmelsrichtung bestimmen an einem unbekannten Ort
- ☻ Heimweg-Trailfinding

Abenteuerlustige: alle in der Familie
Zeit: wenige Minuten bis mehrere Stunden
Ausrüstung: keine
Tipps & Tricks: Tipp für Frühjahr/Herbst: Die meisten Zugvögel durchfliegen Deutschland von Südwest nach Nordost und zurück.
Vorsicht: Bei größeren Touren nicht allein auf diese ungenauen Methoden verlassen!
Ideen für das nächste Abenteuer: Sternegucken, Querwaldeinwanderung

Würfelwanderung

Bei diesem Mikroabenteuer könnt ihr ziemlich sicher sein, dass ihr von anderen Menschen gefragt werdet, was ihr denn da eigentlich macht. Denn ihr hockt auf dem Gehsteig oder im Wald und werft einen Würfel! Die gewürfelte Zahl entscheidet darüber, wohin ihr als Nächstes geht.

Zur Vorbereitung überlegt ihr euch, was die Zahlen bedeuten. Beispielsweise legt ihr fest:

Gabelung mit zwei Wegen: ungerade Zahlen (1, 3, 5) nach links, gerade Zahlen (2, 4, 6) nach rechts. Kreuzung mit drei Möglichkeiten: 1 + 2 nach links, 3 + 4 geradeaus, 5 + 6 nach rechts. Wie macht ihr es bei vier oder gar fünf möglichen Wegen? Beratet euch vor dem Start. Legt auch fest, wann das Abenteuer beendet ist. Nach zehnmal Würfeln? Bis ihr wieder zu Hause seid? Wenn ihr zum dritten Mal an eine Stelle kommt? Sobald ihr einen Spielplatz oder eine Eisdiele erreicht?

Ihr geht nun zu Hause los und werft an jeder Kreuzung, an jeder Gabelung und an jedem Abzweig den Würfel. Vielleicht lauft ihr dabei im Kreis oder im Zickzack.

Eine Variante ist möglich, wenn ihr einen Form- oder Farbwürfel habt: Sobald ihr an eine Kreuzung kommt, werft ihr den Würfel. Nun schaut ihr euch um und sucht nach einem Gegenstand in der gewürfelten Farbe bzw. Form. Sobald ihr einen gefunden habt, lauft ihr in dessen Richtung weiter.

- ☺ zehnmal Würfeln ohne konkretes Ziel
- ☺ Würfelwanderung bis zu einem Spielplatz
- ☺ Würfelwanderung zurück nach Hause oder zu einer Eisdiele

Abenteuerlustige: alle in der Familie, sogar Babys dürfen schon mitwürfeln
Zeit: eine Stunde
Ausrüstung: ein Würfel
Tipps & Tricks: Ohne Würfel geht es auch: Biegt einfach an jeder zweiten Kreuzung oder Gabelung nach links ab und schaut nach einer halben Stunde, wo ihr gelandet seid.
Vorsicht: Bitte vor lauter Würfeln den Straßenverkehr nicht vergessen.
Ideen für das nächste Abenteuer: Rundwanderung, demokratische Radtour

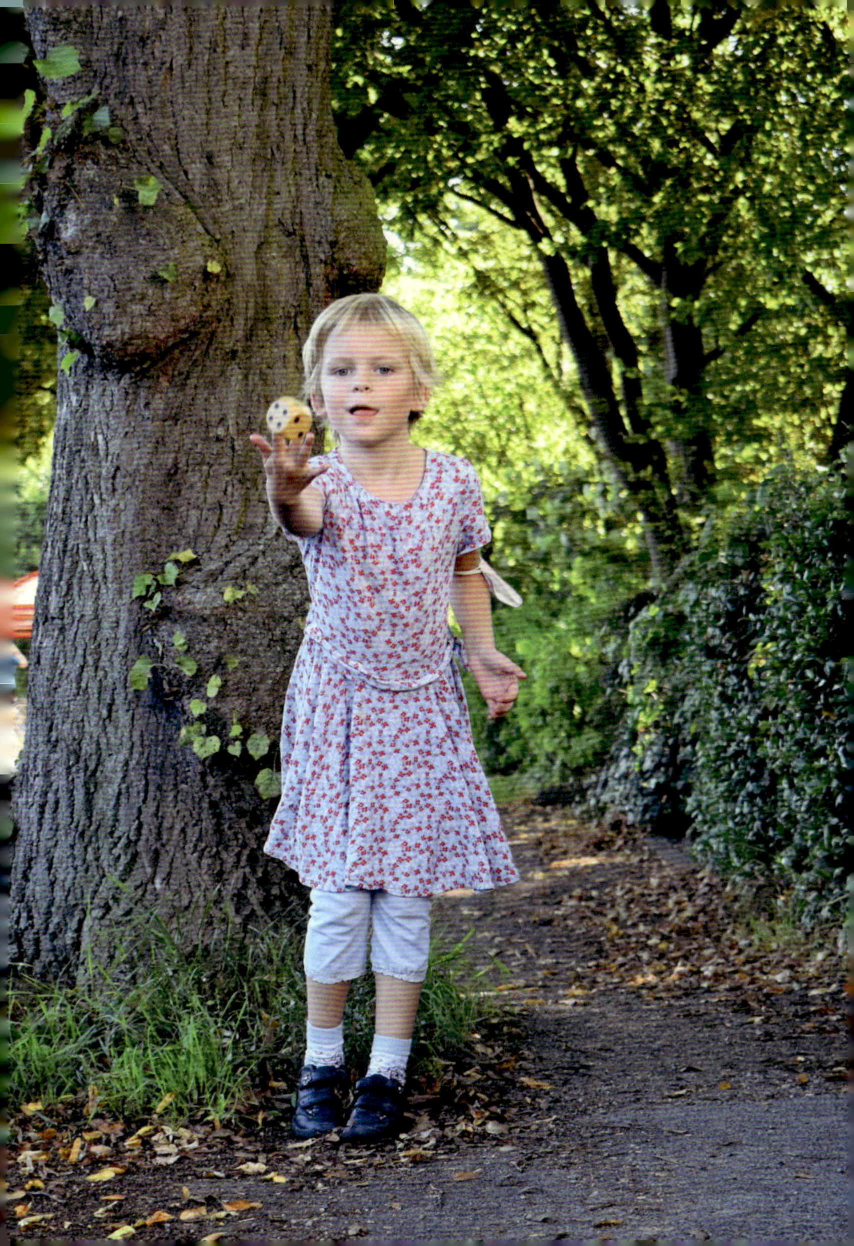

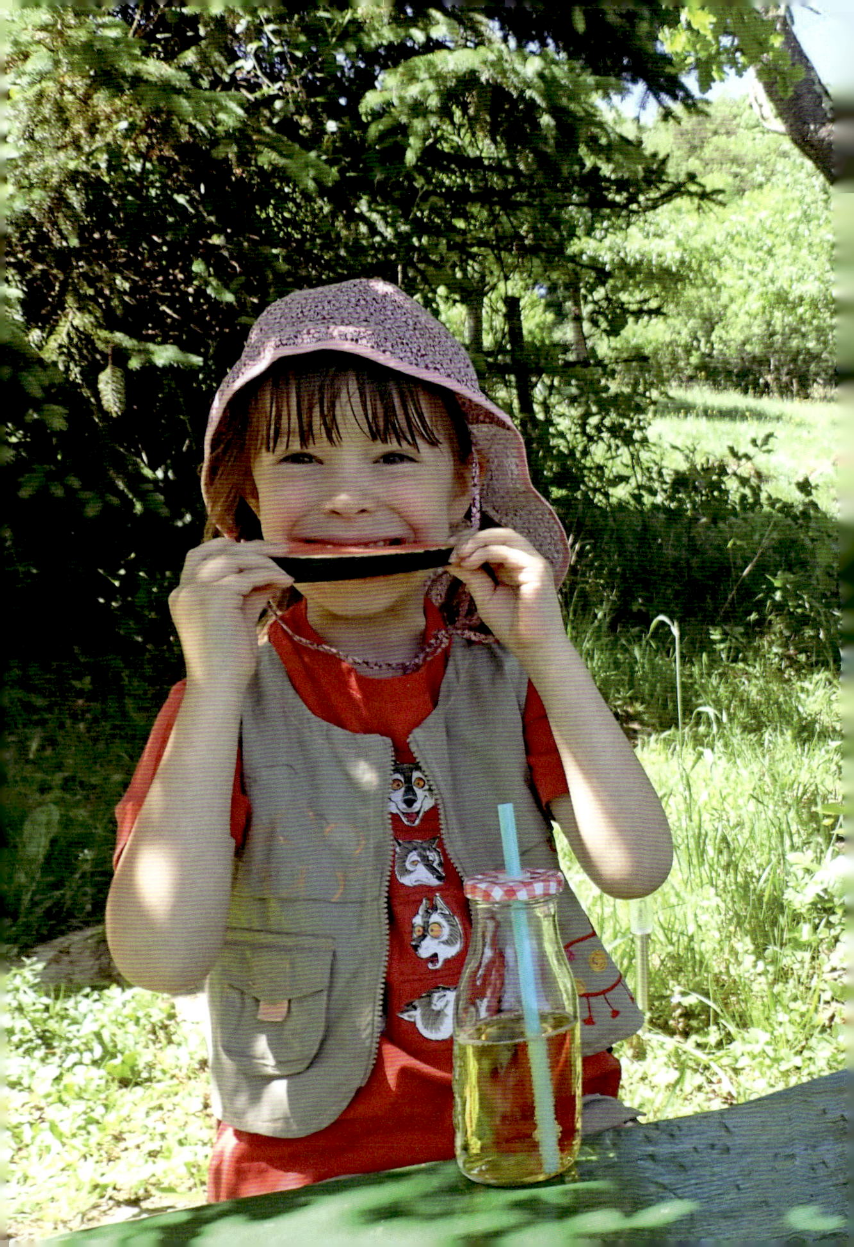

Wildnisfrühstück

Ein Frühstück mitten in der Natur. Die Vögel singen, es duftet nach feuchter Erde und Sommer. Um diese Zeit sind kaum Menschen unterwegs und ihr habt den Wald für euch. Kann es einen schöneren Start in den Tag geben?

Stellt den Wecker eine Stunde früher, schnappt euch eure Fahrräder, füllt die Packtaschen mit allem, was ihr für ein gutes Frühstück braucht und fahrt hinaus ins Grüne. Dort zaubert ihr auf dem Kocher Tee, Kaffee, Rührei oder Porridge – was das Herz begehrt. Vielleicht finden sich sogar ein paar frische Waldbeeren für euer Müsli. Ist euer Ziel ein Grillplatz, könnt ihr sogar ein wärmendes Feuerchen entfachen. Ein schöner Ausblick in die Landschaft ist gleichzeitig ein schöner Ausblick auf den bevorstehenden Tag.

Egal, wie eng euer Terminkalender belegt ist, für dieses Mikroabenteuer sollte die Zeit reichen. Es ist außerdem die ideale Vorbereitung für eine Nacht im Freien, wenn ihr euch erst langsam daran herantasten wollt. Andererseits bildet es den perfekten Abschluss für ein Five-to-nine-Abenteuer. Das ist ein Abenteuer, das nachmittags nach der Arbeit/Schule beginnt und morgens zu Dienst-/Schulbeginn zu Ende ist. Der Name ergibt sich daraus, dass viele Leute nine to five (also von 9 bis 17 Uhr) arbeiten müssen und deshalb die Zeit zwischen 17 und 9 Uhr für ein Abenteuer nutzen. Die Uhrzeit ist egal, ihr könnt auch schon um 15 Uhr starten und um 8 Uhr zum Schulbeginn zurück sein.

- im nächsten Park
- im nächsten Wald
- als Abschluss eines Five-to-nine-Mikroabenteuers

Abenteuerlustige: alle in der Familie
Zeit: wenige Minuten
Ausrüstung: Campingkocher, Wasser und all eure üblichen Frühstückszutaten
Tipps & Tricks: Wenn die Zeit zu knapp für eine Radtour ist, nehmt das Auto.
Vorsicht: Bitte kein Five-to-nine-Abenteuer, wenn morgens eine Klassenarbeit geschrieben wird. Ihr könntet zu müde sein.
Ideen für das nächste Abenteuer: Sonnenaufgang erleben, Zelten

In der Stadt

City Bound

Mikroabenteurer benutzen diesen Begriff, wenn sie bei ihrem Abenteuer bewusst die Stadt nicht verlassen, also an sie gebunden sind (*bound* = gebunden). Alle in eurem Team können in eurer Heimatstadt noch viel Neues erleben und entdecken – egal, wie alt ihr seid oder wie lange ihr dort schon wohnt.

Am Anfang des Abenteuers legt ihr fest, wie lange es dauern soll. Ist dieser Zeitpunkt erreicht, geht es auf den Heimweg. Wählt eine Aufgabe, bei der ihr eure Komfortzone verlasst und an eure Grenzen geht. Ja, das geht, ohne die Heimatstadt zu verlassen. Ziel ist es, eure Stadt neu kennenzulernen.

Eine gute Aufgabe für den Einstieg: Nehmt pro Person einen Kugelschreiber mit und versucht, ihn mit Passanten gegen einen anderen Gegenstand zu tauschen. Wer hat am Ende den längsten/schwersten/lustigsten/flauschigsten Gegenstand ertauscht?

Weitere Ideen: Sammelt in einem Notizheft möglichst viele verschiedene Sprachen von Schildern und aus zufällig mitgehörten Gesprächen! Nehmt drei rohe Spaghetti mit und bringt sie gekocht wieder nach Hause! Sucht euer Traumhaus und befragt die Bewohner, wie es sich darin wohnt! Lasst euch mit verbundenen Augen zu einem Geschäft/Restaurant führen und erratet, was in der Auslage liegt oder auf der Speisekarte steht! Ladet eine wildfremde Person zu einer Kugel Eis ein und lasst euch überraschen, über was ihr beim gemeinsamen Schlecken erzählt.

 im eigenen Stadtviertel
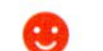 im Stadtzentrum
am anderen Ende der Stadt

Abenteuerlustige: alle in der Familie
Zeit: eine halbe Stunde oder länger
Ausrüstung: je nach Zielsetzung eures City Bound
Tipps & Tricks: Besonders spannend wird es, wenn ihr euch die Aufgabe(n) von einem Freund vorgeben lasst, der sich in dieser Stadt auch gut auskennt.
Vorsicht: Bitte denkt bei allem Spieleifer an die Gefahren des Straßenverkehrs.
Ideen für das nächste Abenteuer: Stadtrallye, Escape Games, Geocaching, Tourist in der Heimat

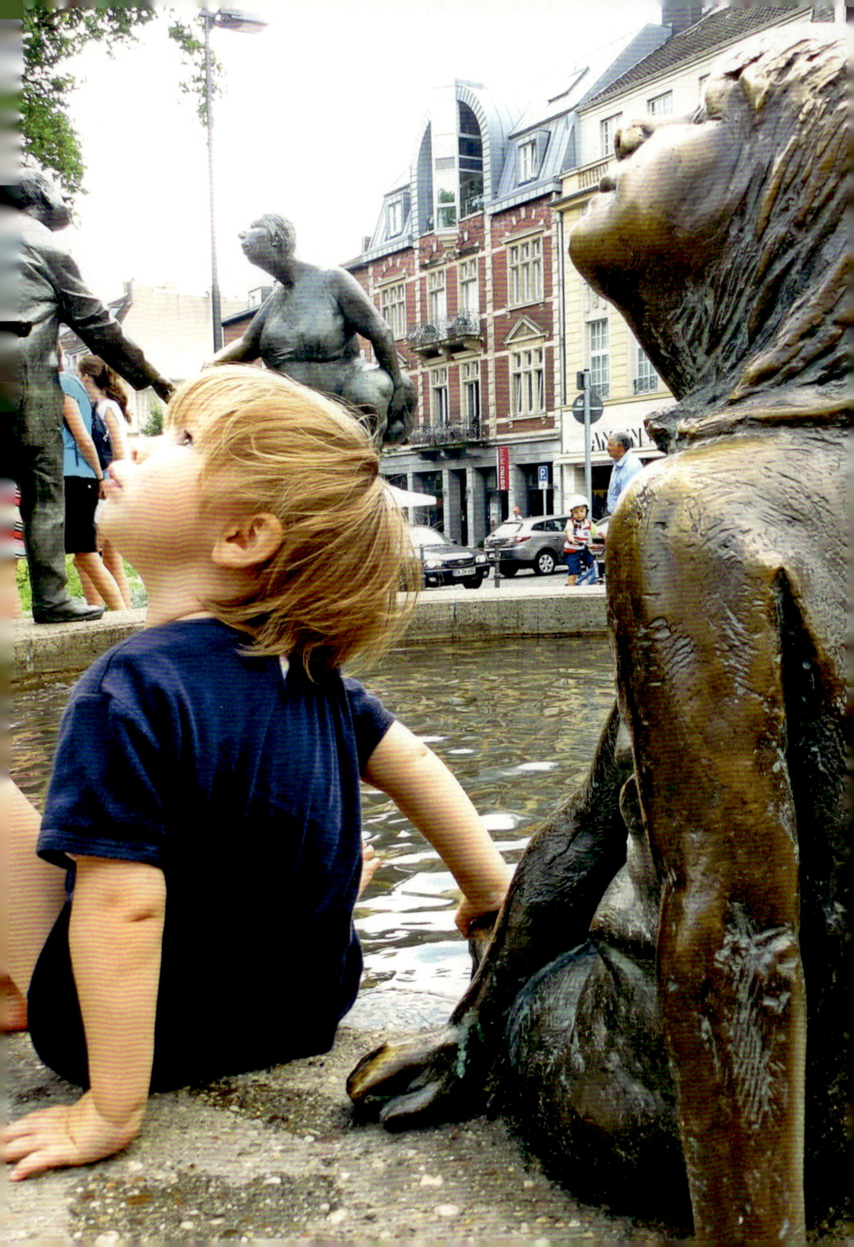

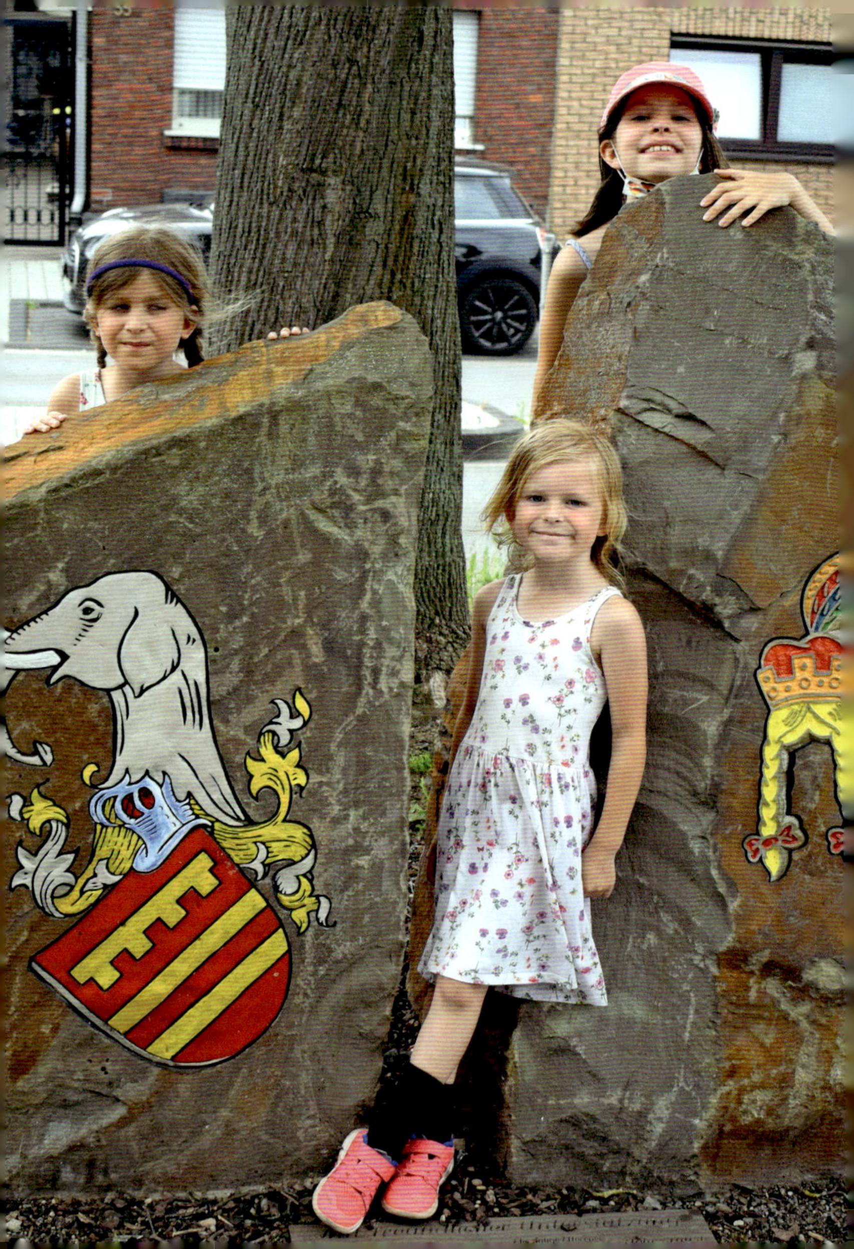

Private Stadtführung

Wohnt eure Familie schon lange in der Gegend? Dann sind eure Großeltern die richtigen Ansprechpartner für dieses Mikroabenteuer. Seid ihr erst kürzlich zugezogen? Dann ist dies eine gute Möglichkeit, in Kontakt mit den lebensälteren Nachbarn zu kommen.

Eure Aufgabe ist nämlich, euch die Stadt von einem möglichst alten Menschen zeigen zu lassen, der hier schon als Kind wohnte. Das ist dann quasi eine private Stadtführung oder personalisierter Geschichtsunterricht.

Besonders gut gelingt es, wenn ihr euch gemeinsam darauf vorbereitet und euch schon einige Fragen überlegt, damit ein ungefährer Weg besprochen werden kann. Wo war Omas/Opas Lieblingsspielplatz und gibt es ihn noch? In welchem Haus wurde er/sie geboren? Wo ist Mama/Papa zur Schule gegangen? Gibt es die Schule noch und was hat sich an dem Gebäude verändert? Wo hat euer Nachbar Kirschen geklaut und schafft ihr es heute noch, den Baum zu besteigen? Wohin musste er/sie zum Zahnarzt? Wo wohnten die besten Freunde und hat er/sie noch Kontakt zu ihnen?

Unterwegs darf natürlich jederzeit von dem überlegten Weg abgewichen werden, wenn es heißt: „Oh, da vorne haben wir immer den Bach gestaut!“, „Wartet, hatten wir dort in dem Schuppen nicht mal eine Katze vor unseren Eltern versteckt?!“ oder „Kommt mit, hier auf der Bank habe ich Oma zum ersten Mal geküsst!“.

☺ Stadtführung zu 1 oder 2 Zielen
☺ Stadtführung zu 3 oder 4 Zielen
☺ Stadtführung zu mehr als 5 Zielen

Abenteuerlustige: alle in der Familie
Zeit: wenige Minuten bis mehrere Stunden
Ausrüstung: keine
Tipps & Tricks: Wenn es noch Fotos von eurer Stadtführerin oder eurem Stadtführer aus dieser Zeit z. B. vor der Schule gibt, versucht doch mal, dieses Foto nachzustellen.
Vorsicht: Es kann sein, dass die Führung auch traurige Erinnerungen auslöst. Dann fragt, ob ihr lieber nach Hause gehen wollt.
Ideen für das nächste Abenteuer: City Bound, Tourist in der Heimat

Tourist in der Heimat

Stellt euch vor, als Touristen unterwegs zu sein. Eure Wohnung wäre eine Ferienwohnung. Nun schaut ihr euch eure Heimat durch die Brille von Urlaubern an. Besorgt euch einen Stadtplan und sucht nach allem, was ihr in einem Urlaub suchen würdet.

Viele Touristen haben über die Kurkarte oder einen Pauschalpreis freie Fahrt in Bussen und Bahnen. Kauft euch deshalb auch für dieses Abenteuer eine Familientageskarte für eure Heimat.

Nun geht ihr los und verhaltet euch, wie ihr es in einer fremden Stadt tun würdet. Sucht die Touristeninformation auf und lasst euch beraten! Besucht das Denkmal einer Berühmtheit! Fragt Einheimische nach einem guten Eiscafé! Schaut nach Gebäuden mit einer interessanten Geschichte! Nehmt an einer geführten Wanderung durch den Stadtpark oder den angrenzenden Naturpark teil! Steigt auf einen Aussichtsturm oder besichtigt eine berühmte Kirche!

Nehmt an einer Stadtführung oder sogar einer Stadtrundfahrt teil! In vielen Städten werden sogar Fahrradstadtrundfahrten mit Leihfahrrädern angeboten und es gibt spezielle Stadtführungen für Kinder. Sprecht ihr eine Fremdsprache oder versteht ihr die regionale Mundart? Dann ist es besonders spannend und lustig, an einer Stadtführung in dieser Sprache teilzunehmen. Vielfach gibt es Angebote in den wichtigsten europäischen Sprachen, aber auch in Mandarin, Japanisch, Bairisch und Kölsch!

- ☺ Ihr habt den Ort auf eigene Faust erkundet.
- ☺ Ihr habt euch getraut, Einheimische anzusprechen.
- ☺ Ihr habt an einer Stadtführung teilgenommen.

Abenteuerlustige: alle in der Familie
Zeit: eine Stunde bis mehrere Tage
Ausrüstung: Stadtplan, Kamera, Tagesticket für Bus und Bahn
Tipps & Tricks: Achtet auf die Schilder mit den Straßennamen. Bei Personennamen erfahrt ihr manchmal auf einem kleinen Zusatzschild, wer der Mensch war, nach dem die Straße genannt wurde.
Vorsicht: Bitte auf den Straßenverkehr achten!
Ideen für das nächste Abenteuer: City Bound, Spielplatztour, Geocaching, Fotosafari in der Heimatstadt

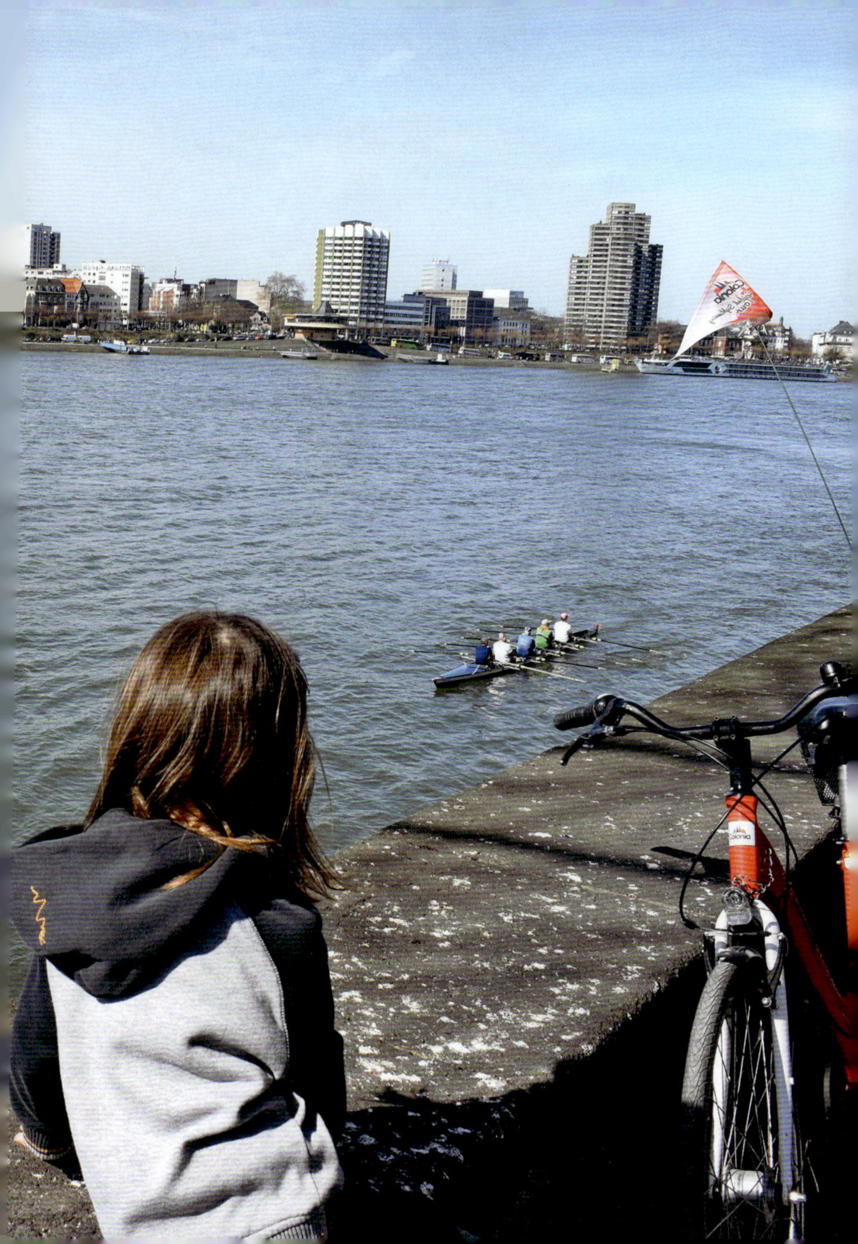
Colonia

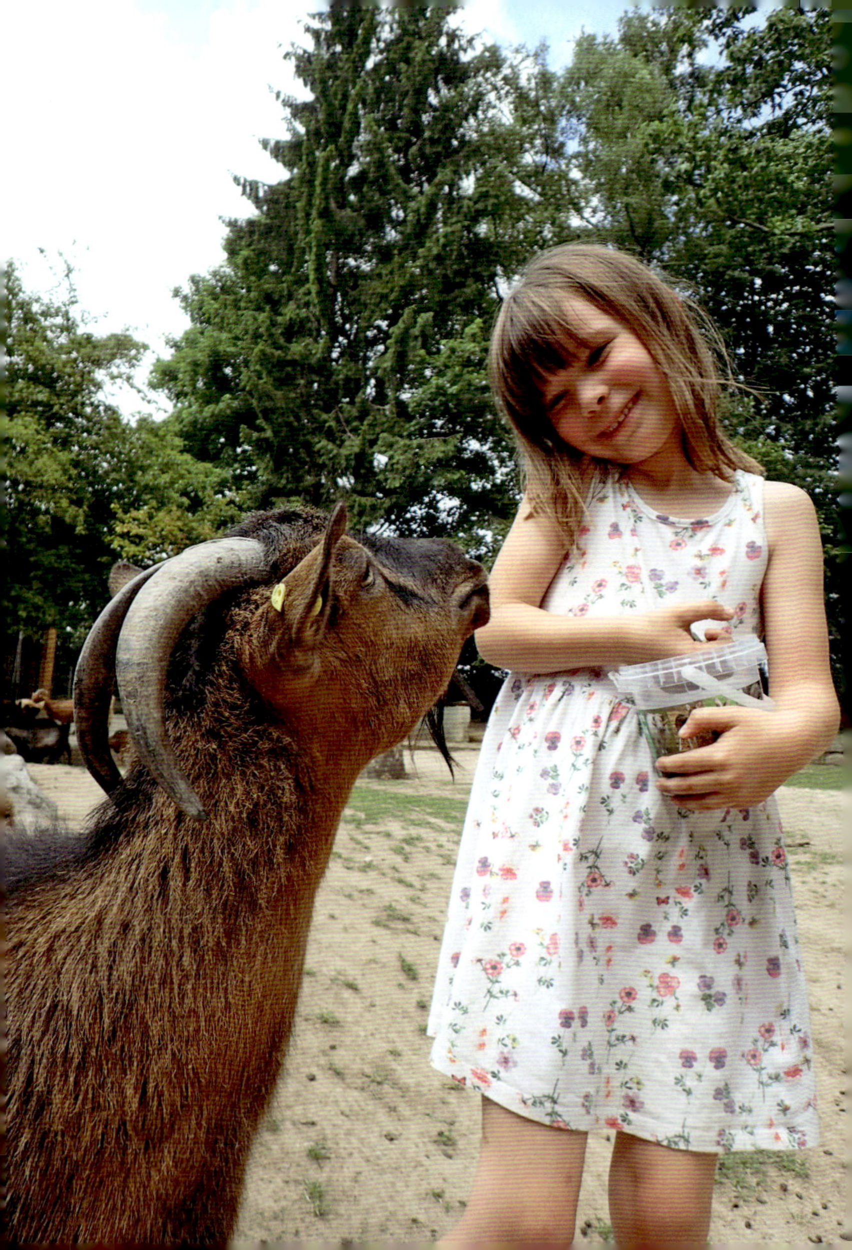

Weltreise durch den Zoo

Natürlich wäre es schöner, wilde Tiere überall auf der Welt in ihrem natürlichen Lebensraum zu besuchen. Das passt aber wahrscheinlich nicht in euren Ferienkalender. Deshalb könnt ihr euer Fernweh bis zur nächsten echten Safari in einem Zoo lindern. An einem Tag könnt ihr in Gedanken um die ganze Welt reisen. Oder ihr sucht euch einen bestimmten Kontinent aus, dessen Bewohner ihr genauer anschauen wollt.

Wenn zum Beispiel Afrika euer Traumziel ist, besucht ihr im Zoo die Erdhörnchen, Löwen, Tiger, Gorillas, Flusspferde und Giraffen. Ganz im Süden leben auch Pinguine, die euch bestimmt mit ihren lustigen Tauchmanövern hinter der Glasscheibe zum Lachen bringen. Aber Vierbeiner sind nicht alles: Vielleicht hat euer Zoo auch ein Aquarium, Terrarium und/oder Insektarium, in dem kleine „Afrikaner" auf euch warten.

Die meisten Zoos haben feste Fütterungszeiten für die einzelnen Tierarten, bei denen ihr sie besonders gut beobachten könnt. Und fällt euch auf, dass sie auch euch beobachten? Wenn ihr in ein Freigehege hineingehen dürft, müsst ihr sogar aufpassen, dass euch der Strauß nichts aus der Jackentasche klaut und die Totenkopfäffchen nicht euer Eis schlecken. Manche Zoos bieten auch Zoonächte für die nachtaktiven Tiere oder geführte Touren an, bei denen ihr die Tiere füttert und ihnen besonders nahe kommen könnt.

- ☺ ein Rundgang durch den Zoo
- ☺ ein Besuch zu einem bestimmten Thema/Land/Kontinent
- ☺ ein Zoogeburtstag oder eine andere private Führung

Abenteuerlustige: alle in der Familie
Zeit: einige Stunden
Ausrüstung: vielleicht eine Kamera und ein Notizbuch
Tipps & Tricks: Auf den Homepages der Zoos könnt ihr meist sehen, welche Tiere dort wohnen.
Vorsicht: Bitte nicht an die Scheiben klopfen, die meisten Tiere mögen das nicht.
Ideen für das nächste Abenteuer: Fotosafari, Insekten beobachten

Zwanzig Minuten

Eine spannende Bahnüberraschung. Darum geht es: Kauft ein Tagesticket für euren Verkehrsverbund, packt einen Rucksack mit etwas Proviant, geht zum Bahnhof oder Busbahnhof und steigt in die nächste Bahn oder den nächsten Bus. Dabei ist vollkommen egal, wohin sie fährt. Hauptsache, euer Ticket gilt für diese Strecke. In einem großen Bahnhof werdet ihr die **nächste** Bahn nicht erwischen. Dann legt vorher fest, wie viele Minuten ihr benötigt, um jeden Bahnsteig zu erreichen, sagt z. B., „wir nehmen die erste Bahn, die in genau 5 Minuten abfährt" oder lasst den Würfel über das Abfahrtgleis entscheiden. Wichtig ist nur, dass ihr vorher nicht schon wisst, wohin es geht, und den Zufall entscheiden lasst.

Nun fahrt ihr mit dieser Zufallsbahn oder diesem Zufallsbus genau 20 Minuten. Dann steht ihr auf, geht zur Tür und wartet auf den nächsten Halt. Dort steigt ihr aus. Egal, ob dies in einem winzigen Dorf, einem Gewerbegebiet oder mitten im Wald ist. Schaut auf den Abfahrtplan und notiert euch die möglichen Bahnen/Busse für die Rückfahrt. Nun schaut ihr euch um. Wo seid ihr gelandet? Kennt ihr die Gegend? Erkundet sie! Was gefällt euch besonders gut? Was gibt es nur hier und nicht zu Hause? Gibt es einen schönen Rundwanderweg oder Lehrpfad? Vielleicht könnt ihr sogar einen Spielplatz, ein Café oder ein Museum besuchen.

- 20 Minuten mit dem Bus
- 20 Minuten mit U-Bahn oder Stadtbahn
- 20 Minuten mit dem Zug

Abenteuerlustige: alle in der Familie
Zeit: mehrere Stunden
Ausrüstung: Proviant und Smartphone, um im Notfall für den Rückweg ein Taxi zu bestellen, wenn es an diesem Tag keine Bahn zurück gibt.
Tipps & Tricks: Der Name dieses Mikroabenteuers ist natürlich wandelbar. Ihr könnt es auch „Dreißig Minuten" oder „Endhaltestelle" nennen.
Vorsicht: Bitte nicht ohne gültiges Ticket fahren.
Ideen für das nächste Abenteuer: Würfelwanderung, City Bound

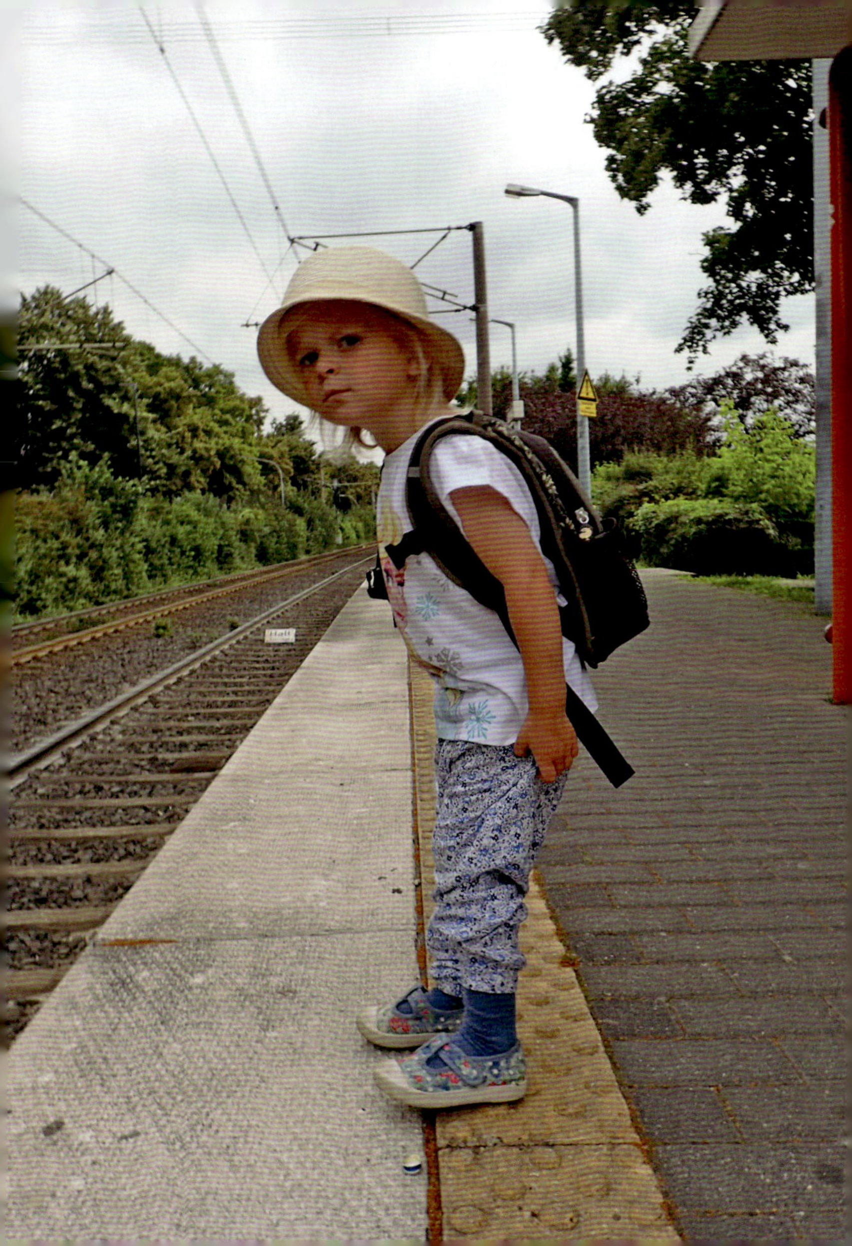

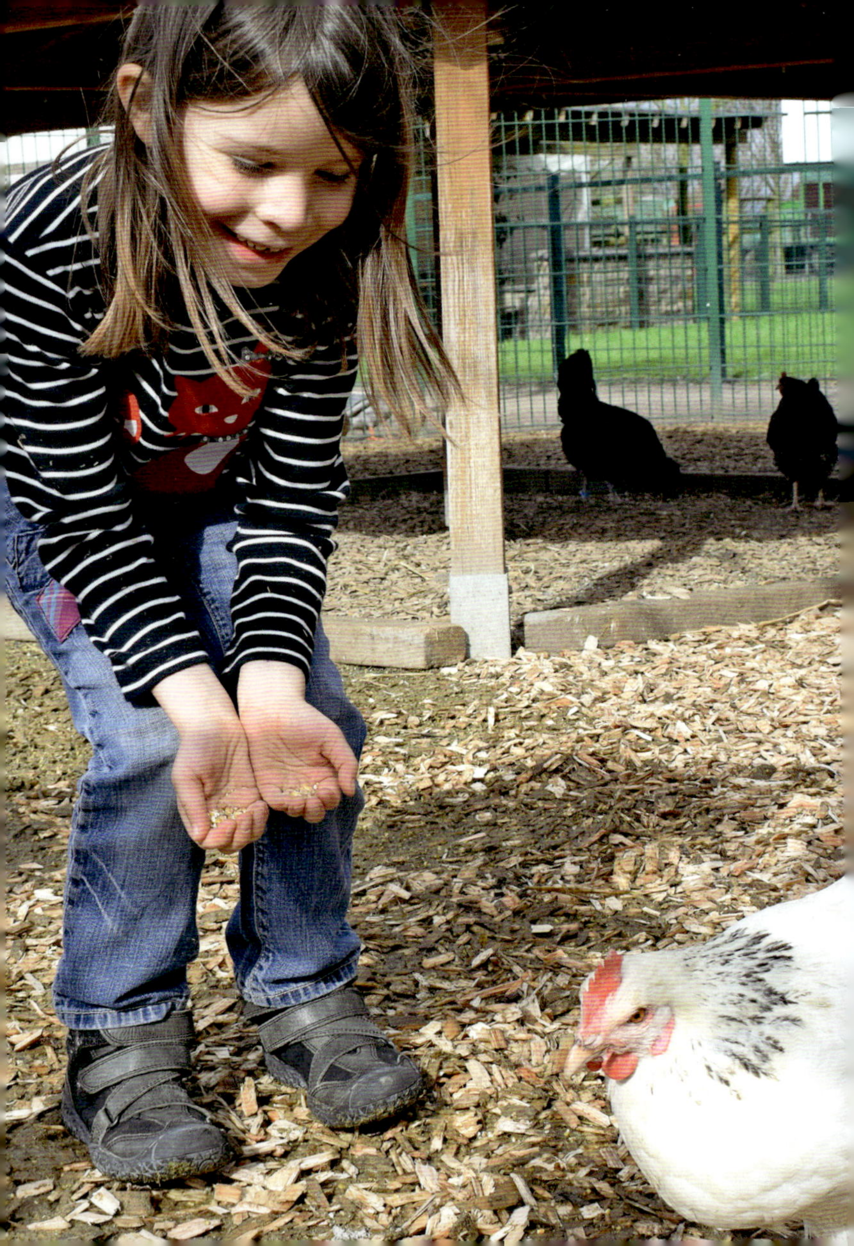

Auf dem Land

Bauernhofhelfer

Wo kommt eigentlich unser Essen her? Wer regional kauft, kann schnell herausfinden, von welchem Bauernhof die Produkte stammen. Die Landwirte vor Ort freuen sich vielleicht sogar über eure Hilfe, denn auf einem Bauernhof gibt es immer viel zu tun. Aber bitte nur mit vorheriger Verabredung.

Meist geht es schon früh am Morgen los. Am schönsten ist es, wenn ihr euch nicht vorher auf eine bestimmte Arbeit festlegt, sondern überraschen lasst. Vielleicht werden die Kinder gebeten, die Hühner aus ihrem Stall in den Freilauf zu lassen und die Ziegen zu füttern, während die Eltern schwere Kürbisse zu Pyramiden stapeln und einen Stall ausmisten. Vielleicht helft ihr aber auch an der Melkmaschine, wiegt selbst gesammelte Eier aus oder füllt die Regale im Hofladen auf.

In der Erntezeit gibt es besonders viel zu tun. Wann die ist? Das hängt davon ab, ob auf diesem Bauernhof Spargel, Tomaten, Kartoffeln, Gerste, Mais, Grünkohl oder ganz andere Gemüsesorten angebaut werden. Hier sind auch die Chancen am größten, auf dem Traktor zum Feld mitfahren zu dürfen. In jedem Fall werdet ihr nach einem Tag an der frischen Luft durchgeschwitzt und hundemüde ins Bett fallen.

Erlebnis-, Kinder- oder Mitmachbauernhöfe bieten viele dieser Aufgaben auch als erlebnispädagogische Projekte an.

- Hühner streicheln oder füttern
- Stall ausmisten oder Traktorfahrt
- Melken oder Erntehilfe

Abenteuerlustige: Alle in der Familie, die mit anpacken können. Bitte vorher bei der Bauernfamilie nachfragen.
Zeit: mehrere Stunden bis Tage
Ausrüstung: Gummistiefel, Wechselkleidung
Tipps & Tricks: Bei manchen Erlebnisbauernhöfen könnt ihr sogar übernachten.
Vorsicht: Bitte haltet euch genau an die Anweisungen der Bauernfamilie, damit ihr euch nirgendwo verletzt und weder technische Geräte noch Tiere zu Schaden kommen.
Ideen für das nächste Abenteuer: Kuhkuscheln, Lamatrekking, Traktordiplom

Hofladen

Viel interessanter als das schnelle Beladen eines Einkaufswagens ist der Besuch im Hofladen eines Bauernhofs. Auf diese Weise könnt ihr sehen, wo eure Lebensmittel gewachsen sind und wer sie geerntet oder hergestellt hat. Sie haben keine langen Transportwege und wer freundlich fragt, darf vielleicht sogar den Hühnerstall oder die Obstwiese ansehen.

In manchen Hofläden werden ausschließlich die Produkte verkauft, die auf dem Hof erzeugt werden. Ihr findet also vielleicht in dem einen Laden nur Hühnereier und Eiernudeln im Regal, im Nachbardorf einen Laden mit Erdbeeren, Spargel und Kirschen und in einem dritten Laden dann Milch und Käse. Apropos Milch: Es gibt sogar Milchtankstellen, an denen ihr außerhalb der Öffnungszeiten des Hofladens eure Milch frisch zapfen könnt. Manche Hofläden verkaufen auch Produkte anderer Bauern aus der Region.

Wie wäre es mit einer Radtour von Hof zu Hof, bei der ihr frische Landluft tankt und euer Essen quasi von zu Hause abholt?

Noch schöner ist es, sein Essen selbst zu ernten. Besonders zur Erdbeerzeit findet ihr überall Angebote zum Selbstpflücken. Manche Bauern erlauben euch sogar, bei der Ernte zu naschen. Auch Himbeeren, Johannisbeeren, Kirschen, Äpfel, Birnen und Kürbisse werden zum Selbstpflücken angeboten. Vielleicht kommt ihr bei der Fahrt sogar an einem Blumenfeld vorbei, auf dem ihr Tulpen, Narzissen, Sonnenblumen, Dahlien oder Gladiolen selbst schneiden könnt.

- Einkauf in einem Hofladen
- Hofladenradtour
- Beeren selbst pflücken oder Blumen selbst schneiden

Abenteuerlustige: alle in der Familie
Zeit: wenige Minuten bis mehrere Stunden
Ausrüstung: keine
Tipps & Tricks: Unnötige Einwegverpackung vermeidet ihr, wenn ihr Behälter für eure Einkäufe mitbringt.
Vorsicht: Bitte nicht böse sein, wenn die Bauern keine Zeit haben, euch den Hof zu zeigen.
Ideen für das nächste Abenteuer: Bauernhofhelfer, Einkaufen am anderen Ende der Stadt

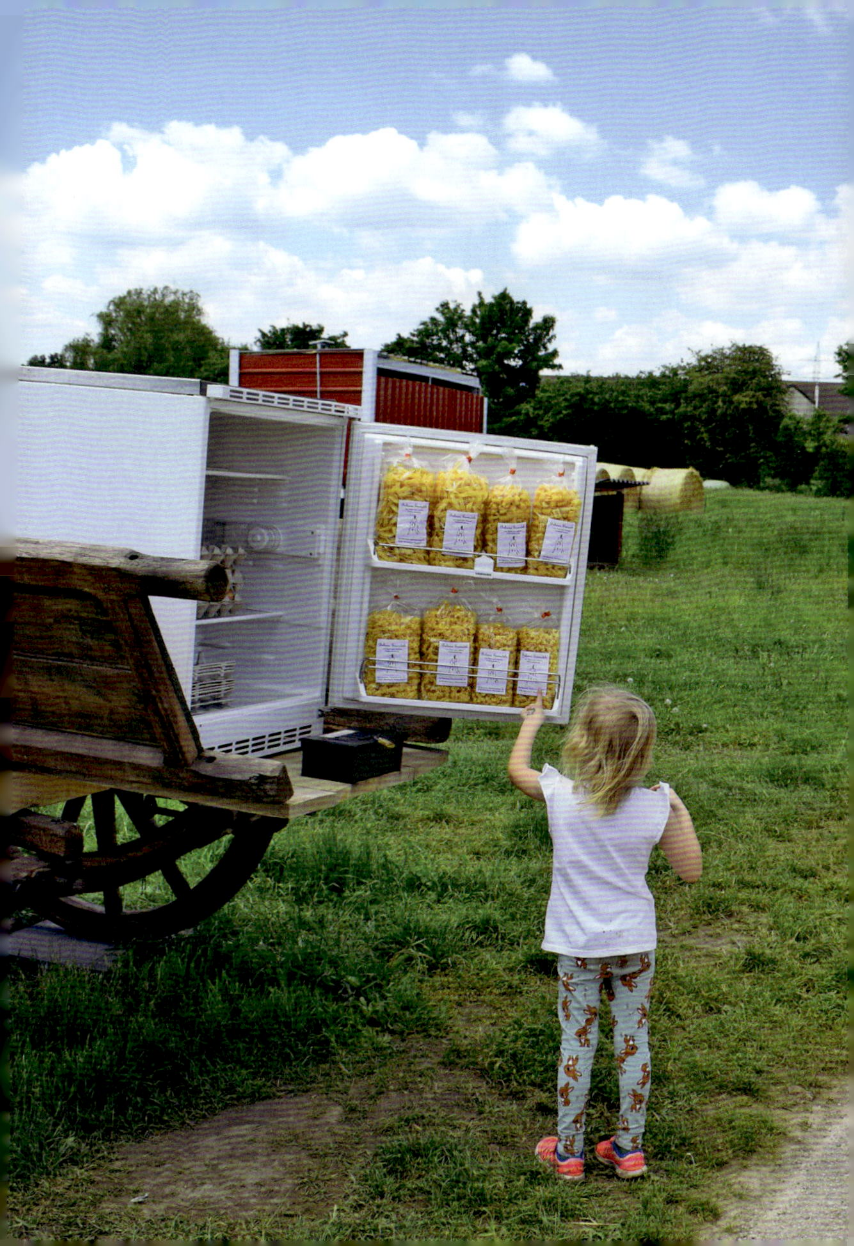

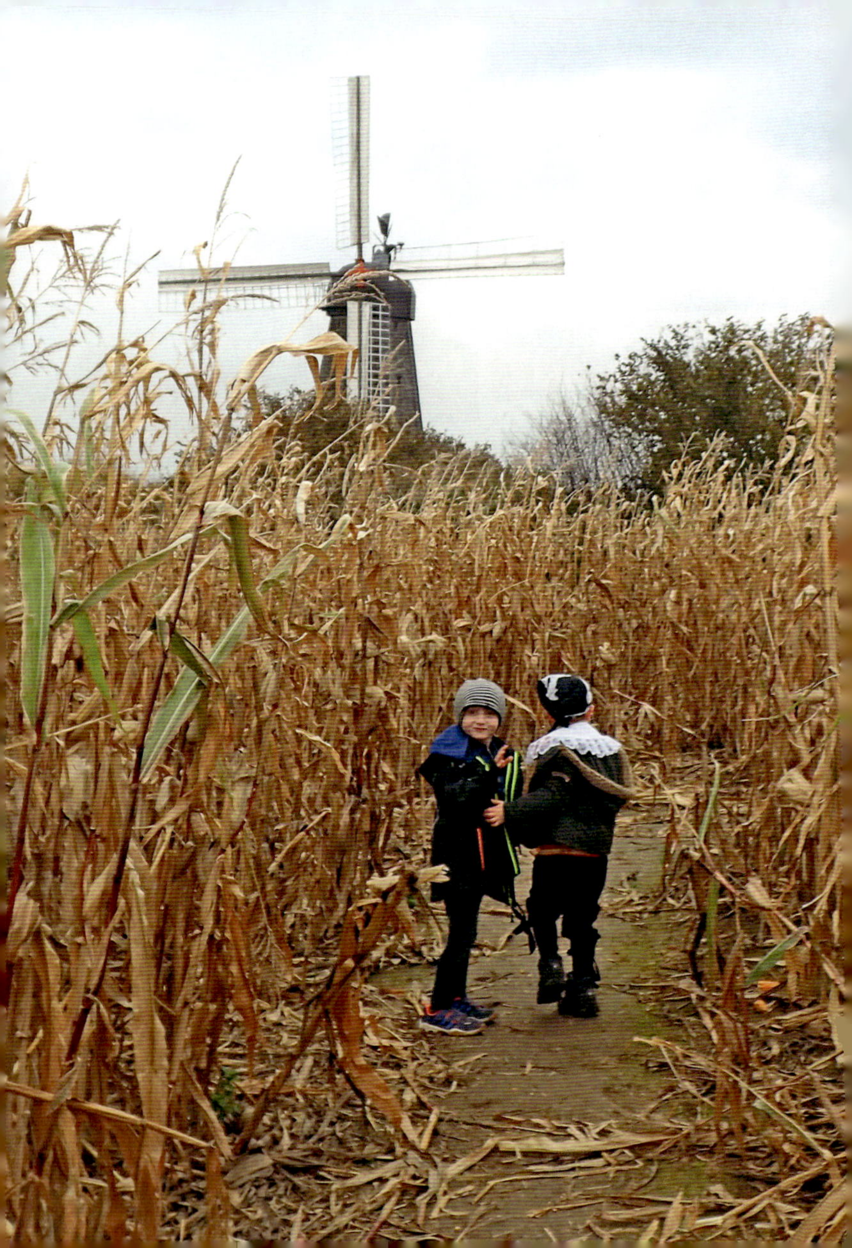

Maislabyrinth

Könnt ihr euch gut orientieren? Benötigt ihr dafür Landmarken oder habt ihr einen inneren Kompass? Das könnt ihr in einem Irrgarten oder in einem Labyrinth in einem Maisfeld testen.

Wo der Unterschied liegt, fragt ihr? Bei einem Labyrinth führt vom Eingang bis zur Mitte nur ein einziger Weg. Bei einem Irrgarten kann es auch Sackgassen, Gabelungen, Verzweigungen und Kreuzungen geben. Die meisten Maislabyrinthe sind also in Wirklichkeit Irrgärten.

Mais wächst bis zu 3 m hoch. Damit er schön dicht steht, wird er im Frühjahr doppelt gesät. Wenn die Pflänzchen etwa einen Dezimeter hoch sind, legt die Bauernfamilie das Wegenetz an. Manchmal ist das ein verwirrendes Hin und Her, oft werden aber auch hübsche Muster wie Sterne, Tiere oder Gesichter angelegt. Wenn in der Mitte des Maisfeldes ein Aussichtsturm steht, könnt ihr darauf von oben das Muster erkennen – und euch schon einen Weg zum Ausgang planen. Auch wenn ihr euch einige Male irrt, am Ende werdet ihr ganz bestimmt herausfinden.

Für Kinder ist der Mais meist schon im Juli hoch genug, geöffnet sind Maislabyrinthe meist bis in den November. Das ist ideal für ein kleines Herbstabenteuer. Es ist grade keine Maiszeit? Schaut euch nach einem Heckenlabyrinth oder einem Gartenlabyrinth um, sie sind in einigen Schlossparks zu finden und können ganzjährig begangen werden.

- an der Hand eines Erwachsenen
- mit kleineren Hilfestellungen
- ohne fremde Hilfe

Abenteuerlustige: alle in der Familie
Zeit: etwa eine Stunde
Ausrüstung: Sonnenhut und Wasserflasche
Tipps & Tricks: In den meisten Maislabyrinthen gibt es besondere Veranstaltungen, z. B. eine Gruselnacht zu Halloween.
Vorsicht: Bitte die Maispflanzen nicht beschädigen und in den Gängen bleiben.
Ideen für das nächste Abenteuer: Bauernhofhelfer, Tiertrekking

Tiertrekking

Beim gemeinsamen Wandern lernt man sich gut kennen, egal, ob die anderen zwei oder vier Beine haben. Meist sind es wandernde Hunde. Aber warum nicht auch einmal mit einem Esel oder einer Kuh wandern?

Esel sind vorsichtige Tiere. Sie bleiben stehen, wenn ihnen ein Weg unübersichtlich erscheint, und gehen erst weiter, wenn sie sich einen Überblick verschafft haben oder von euch beruhigt wurden. Das hat mit Sturheit nichts zu tun, sondern ist sehr vernünftig, oder? Kühe bekommen richtig gute Laune, wenn ihr mit ihnen spazieren geht. Bis ein Lama oder Alpaka spuckt, muss viel passieren.

Es gibt nur wenige Outdoor-Aktivitäten, die beruhigender sind als das Tiertrekking. Nachdem ihr euch beschnuppert habt, macht ihr euch für die Wanderung zurecht. Ohne nachzudenken, passt ihr euch der Laufgeschwindigkeit der Tiere an, genießt deren gemächlichen Gang und seid am Ende ebenso tiefenentspannt wie eure neu gewonnenen Freunde. Stellt euch vor: Es gibt mitten in Deutschland sogar Anbieter, die Rentiertouren, Schafwanderungen und Kameltrekking anbieten.

Klugscheißerwissen für das Kameltrekking: Große Kamele mit Höckern heißen Altwelt-Kamele. Bei einem Höcker sagt ihr Dromedar, bei zwei Höckern Trampeltier. Die kleinen Verwandten ohne Höcker sind Neuwelt-Kamele. Die kleineren mit den lustigen Frisuren sind Alpakas, die größeren, robusten Tragtiere heißen Lamas.

- ein kurzer Spaziergang neben den Tieren
- eine Wanderung, bei der ihr die Tiere führt
- eine Trekkingtour mit Übernachtung

Abenteuerlustige: Alle in der Familie, die laufen können. Manche Anbieter haben ein Mindestalter festgelegt.
Zeit: mehrere Stunden bis Tage
Ausrüstung: feste Schuhe und robuste Kleidung
Tipps & Tricks: Ihr begrüßt eure Trekkingpartner, indem ihr ihnen sachte den Handrücken zeigt. Wenn sie daran schnuppern, ist der erste Kontakt hergestellt.
Vorsicht: Bitte erschreckt die Tiere nicht, indem ihr sie anfasst, bevor sie euch gesehen haben.
Ideen für das nächste Abenteuer: Kuhkuscheln, Mitarbeit auf dem Bauernhof

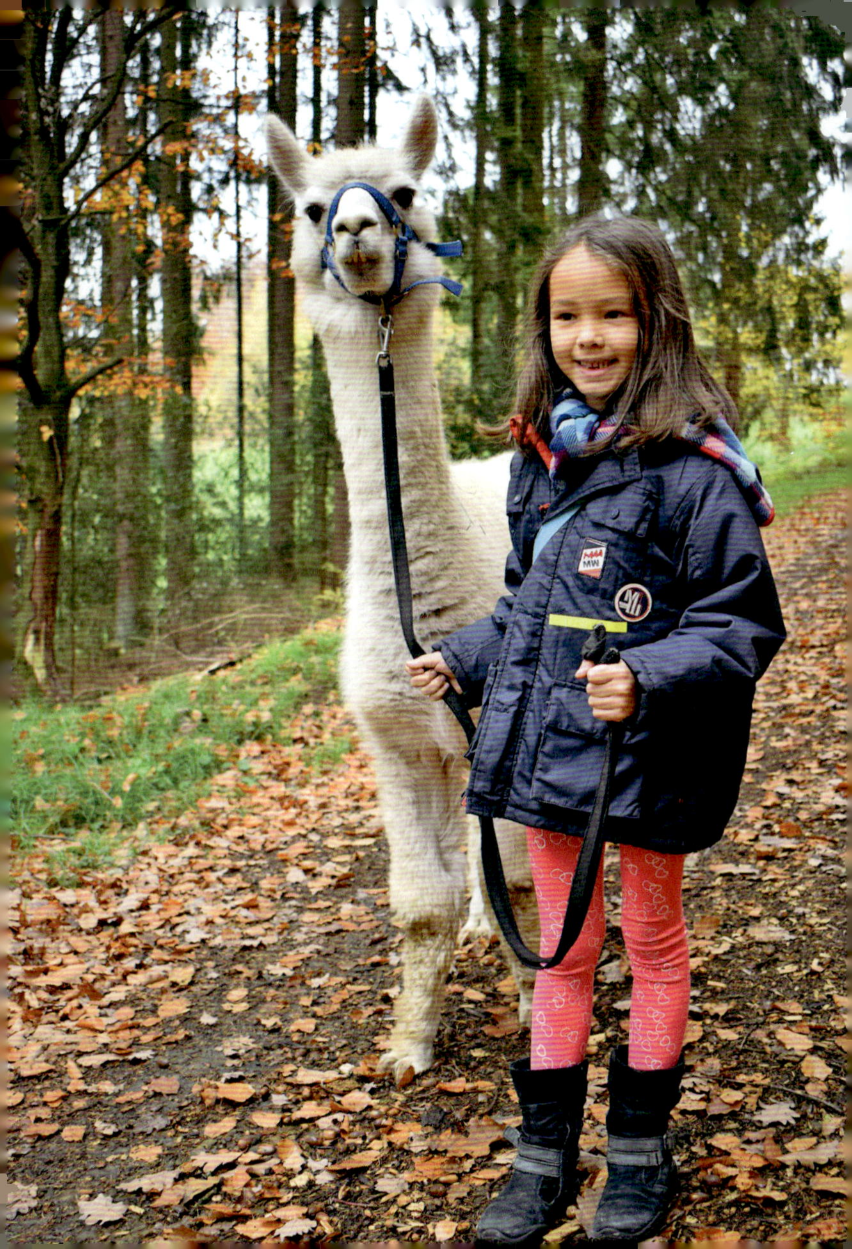

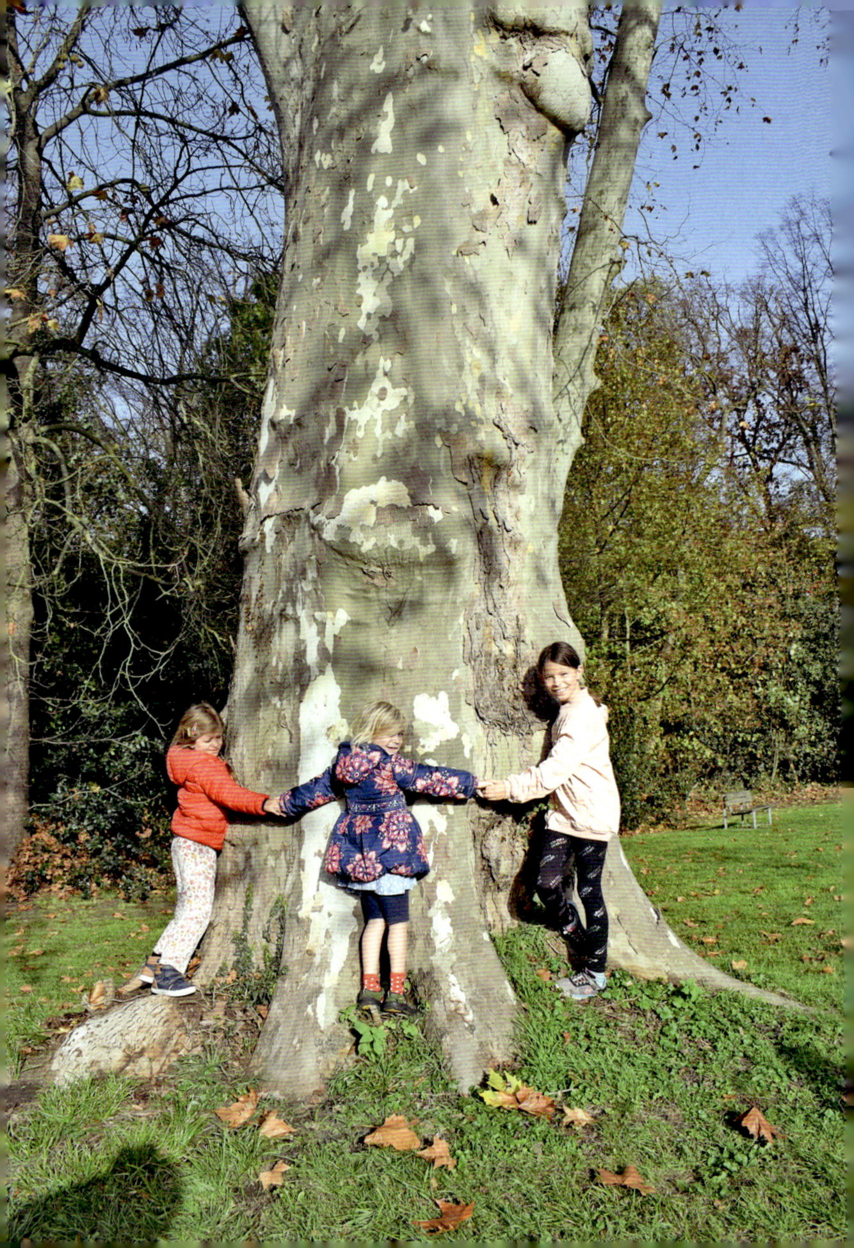

Im Wald

Baumkuscheln

Im Englischen heißt es *hug a tree*. Dort wird also eher umarmt als gekuschelt. Die Idee ist aber gleich: Wie beim Waldbaden könnt ihr euch prima erden, wenn ihr Kontakt zu einem Baum aufnehmt. Bei der Berührung der Rinde und dem würzigen Waldgeruch könnt ihr Stress abbauen, der sich im Laufe der Woche auf der Arbeit und in der Schule angestaut hat.

Am besten geeignet ist ein alter, dicker Baum wie eine Eiche oder Buche mitten im Wald. Aber auch ein Alleebaum vor der Haustür, ein Obstbaum im Garten oder ein exotischer Baum im Park lassen sich gerne umarmen.

Ein dicker Baum gibt euch mit seiner Standfestigkeit besonderen Halt. Ihn könnt ihr nun so fest drücken, wie ihr wollt, ohne dass es ihm schadet. Vielleicht könnt ihr ihn nicht einmal allein umfassen. Wie schön! Dann nehmt ihr euch an der Hand und umringt den Baum für ein heimeliges Gruppenkuscheln.

Das geht auch als Partnerspiel: Bildet Zweierteams. Einer bekommt die Augen verbunden und wird vom anderen zu einem Baum geführt. Ohne ihn zu sehen, merkt ihr euch diesen Baum. Dabei werdet ihr ihn fühlen, streicheln, umarmen, kuscheln und riechen. Fühlt sich die Rinde dabei rau oder glatt, warm oder kalt, feucht oder trocken an? Gibt es Verletzungen in der Rinde? Dann geht's zurück zum Ausgangspunkt und die Augenbinde wird abgenommen. Welchen Baum habt ihr wohl umarmt? Wenn ihr die Schritte gezählt habt und euch die Richtung gezeigt wird, findet ihr euren Kuschelbaum zwischen all seinen Nachbarbäumen trotzdem wieder.

- ☺ eine kurze Berührung als Hallo
- ☺ eine kräftige Umarmung
- ☺ Ihr kuschelt einige Minuten.

Abenteuerlustige: alle in der Familie
Zeit: wenige Minuten
Ausrüstung: keine
Tipps & Tricks: Wenn der Baum etwas geneigt steht, könnt ihr euch sogar beim Kuscheln an ihn lehnen.
Vorsicht: Bei Nadelbäumen solltet ihr auf Harztropfen achten
Ideen für das nächste Abenteuer: Waldbaden

Baumstammbalancieren

Einfach nur auf Wanderwegen zu laufen muss nicht sein. Schaut euch rechts und links des Weges um, bestimmt entdeckt ihr schon bald einen umgefallenen Baum.

Schafft ihr es, auf dem Baumstamm zu balancieren? Wird es leichter, wenn ihr die Arme ausbreitet? Muss er dafür auf dem Boden liegen oder traut ihr euch auch auf einen höher liegenden Baumstamm? Einige Stämme schwingen sogar beim Laufen.

Wenn das nicht das erste Mal ist, werdet ihr bemerken, dass das Balancieren auf dicken Stämmen leichter ist als auf dünnen. Merkt ihr vielleicht sogar einen Unterschied zwischen den Baumarten?

Besonders lustig wird es, wenn euch jemand entgegenkommt. Könnt ihr die Plätze tauschen und eure Wege fortsetzen, ohne herunterzufallen?

- ☻ an der Hand eines Erwachsenen
- ☻ ohne fremde Hilfe
- ☻ über einen Bach

Abenteuerlustige: alle in der Familie, die laufen können (zumindest an der Hand)
Zeit: wenige Minuten
Ausrüstung: Grundsätzlich ist keine besondere Ausrüstung nötig, aber für den Fall, dass ihr über einen Bach balancieren wollt, ist Wechselkleidung sinnvoll.
Tipps & Tricks: Wenn es nicht zu kalt ist, versucht es einmal ohne Schuhe. Ihr habt besseren Halt, wenn ihr barfuß über den Baumstamm balanciert. Das hat auch den Vorteil, dass die Schuhe nicht nass werden, wenn der Stamm über einem Bach liegt.
Vorsicht: Bitte klettert niemals auf einen Stapel von Baumstämmen, die von den Forstleuten am Wegesrand zur Abholung abgelegt wurden. Die Stämme könnten verrutschen oder ins Rollen geraten und ihr wollt ja nicht darunter geraten. Sie heißen aus gutem Grund „Polter“!
Ideen für das nächste Abenteuer: Euren Gleichgewichtssinn könnt ihr auch beim Baumklettern, auf einer Slackline und im Kletterwald auf die Probe stellen. Wenn euch die Berührung des Baums gefallen hat, ist Baumkuscheln mein nächster Tipp für euch.

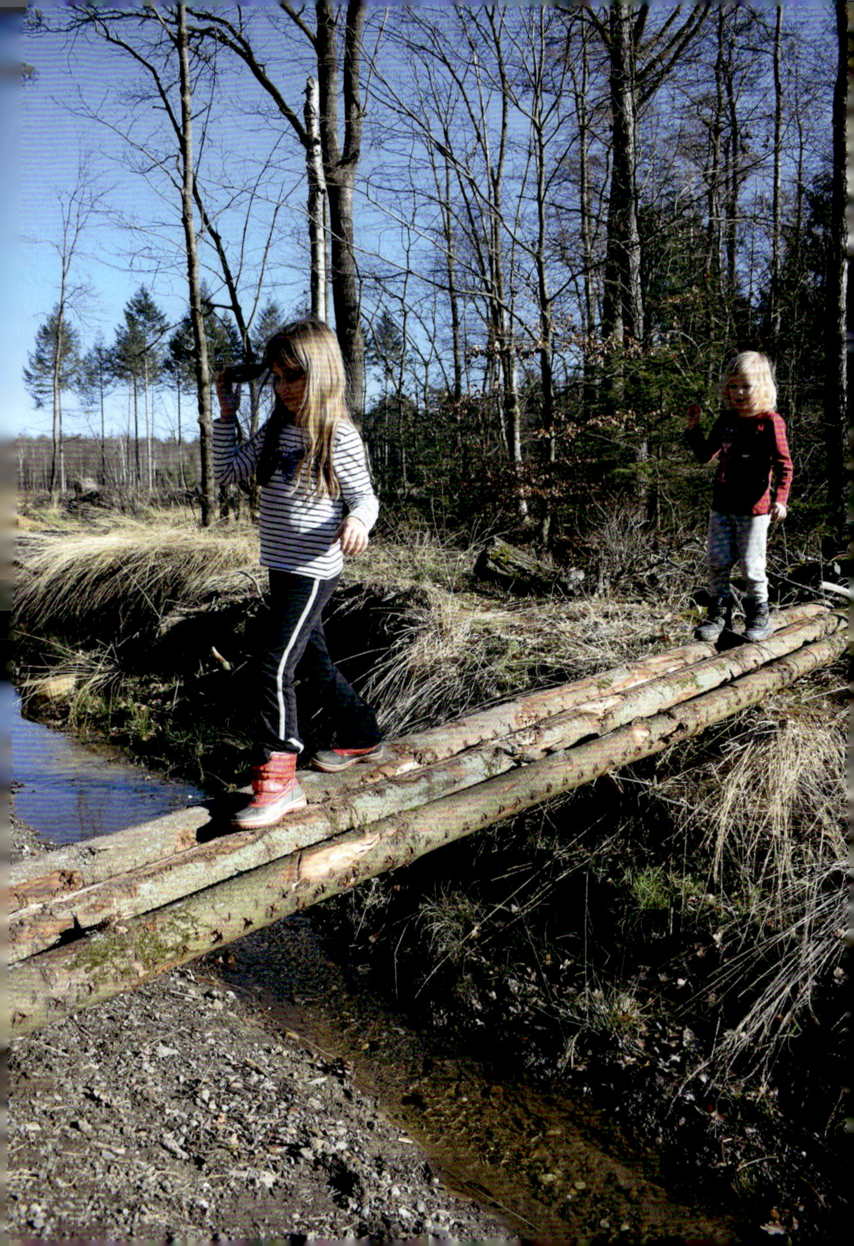

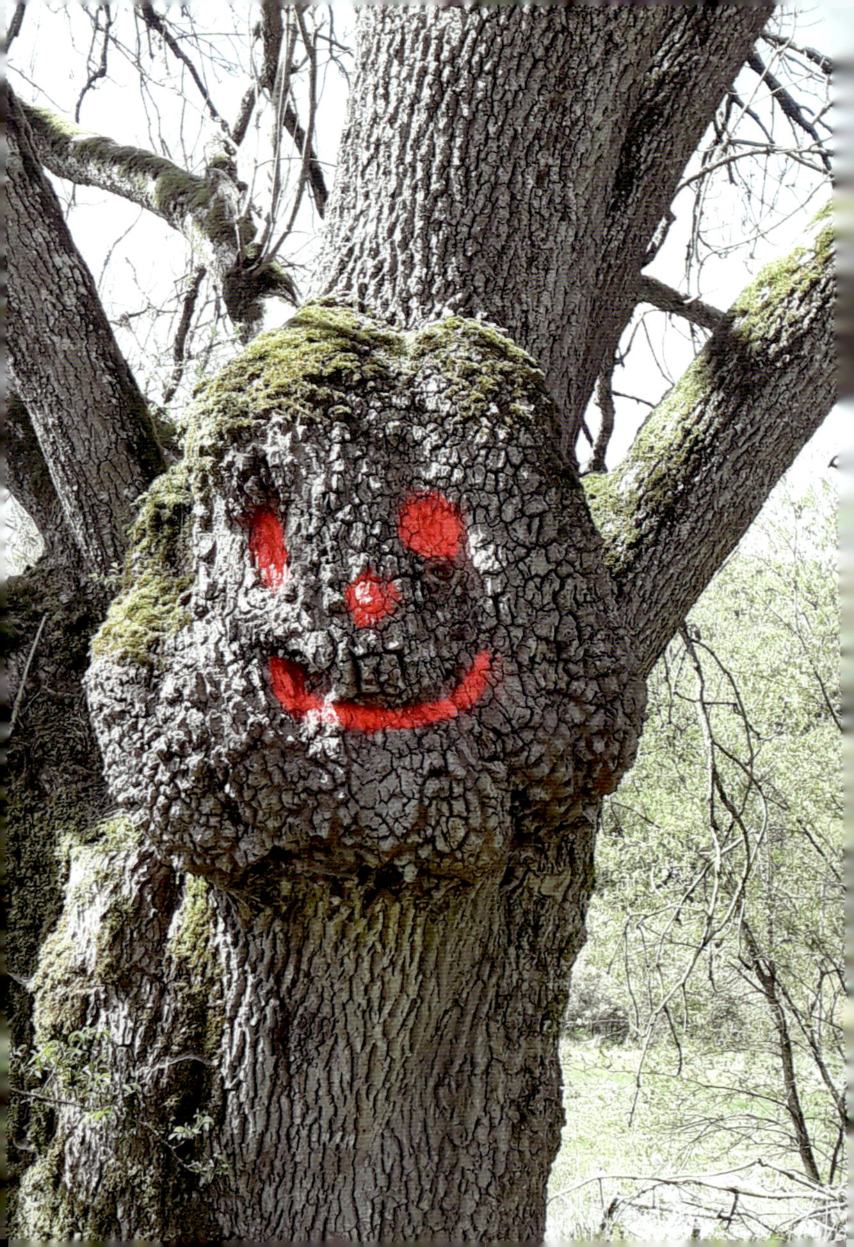

Geisterjagd

Erzählt ihr euch gerne Gruselgeschichten? Dann ist eine Geisterjagd das Richtige für euch. Bei einer normalen Waldwanderung könnt ihr überall Formen finden, die an Fabelwesen erinnern, besonders in Bäumen und Felsen.
Fällt euch dazu eine Geschichte ein?

Dieser Baumstamm scheint ein Gesicht zu haben. Zu wem gehört das Gesicht? Ist das ein sprechender Baum? Oder ein Zwerg, Gnom, Kobold oder Geist? Vielleicht ist es auch eine verzauberte Bauerntochter. Eurer Fantasie sind keine Grenzen gesetzt, so lange keiner aus eurer Familie vor Angst vergeht.

Da gibt es Pilze in einem leuchtenden Orange, die wie Korallen aussehen. Sind das Kugeln oder Bälle dort in der Felswand? Dieser Fels wirkt wie Meeresboden und bei genauerem Hinsehen entdeckt ihr die Schwanzflosse einer versteinerten Meerjungfrau? Wartet da in dem Baumstumpf ein kleiner Gnom auf die Nacht, um wieder durch den Wald rennen zu können? Oh, aus diesem Baum schauen noch der Zauberstab und ein Flügel der Zahnfee heraus, aber wie kam es dazu? Ist das da in dem Fels das Gesicht eines Königssohns, der von einer Hexe verwunschen wurde?

Besonders schaurig-schön ist eine solche Geisterjagd bei einer Abend- oder Nachtwanderung.

Es gibt sogar spezielle Wanderwege, bei denen ihr auf solche versteinerten Gesichter aufmerksam gemacht werdet, z. B. den Bollendorfer Märchenpfad.

- ☺ Ihr entdeckt Gesichter in Bäumen und erzählt, wer das ist.
- ☺ In der Geschichte wird auch erzählt, wie es dazu kam.
- ☺ Das Ganze macht ihr bei einer Nachtwanderung.

Abenteuerlustige: alle in der Familie
Zeit: wenige Minuten bis mehrere Stunden
Ausrüstung: keine
Tipps & Tricks: Wenn ihr die gefundenen Geister fotografiert und die Geschichten notiert, könnt ihr nach und nach ein eigenes Geistergeschichtenbuch schreiben.
Vorsicht: Bitte achtet beim Erzählen auf die Ängste der Kleinsten.
Ideen für das nächste Abenteuer: Tierspuren erkunden, Natur beobachten

Hänsel und Gretel

Für dieses Mikroabenteuer braucht ihr die Hilfe eines ortskundigen Menschen, dem ihr vertraut und der sich ein paar Stunden Zeit für euch nimmt. Diese Vertrauensperson sucht nun nach euren Vorgaben einen Ort im Wald aus. Legt gemeinsam fest, welches Ziel ihr erreichen wollt, wie weit ihr maximal laufen wollt, ob ihr im Wald übernachtet, wie es mit der Verpflegung und der Abholung geregelt wird. Fangt dabei klein an, denn auch kurze Strecken sind beim ersten Mal aufregend genug, auch für die Erwachsenen.

Wie im Märchen „Hänsel und Gretel" werdet ihr nun im Wald ausgesetzt. Ihr könnt sicher sein, dass ihr keiner bösen Hexe begegnet. Aber ihr habt auf dem Hinweg (Bahn, Auto, zu Fuß) die Augen verbunden und bekommt weder Steine noch Brotkrumen, um aus dem Wald zu finden.

Eure Aufgabe ist nun, mit dem Kompass und der Karte euren aktuellen Standort herauszufinden. Dabei helfen markante Felsen, Gewässer, Burgruinen, Straßen und Schutzhütten. Steile Hänge und Täler erkennt ihr an besonders dicht nebeneinanderliegenden Höhenlinien. Habt ihr herausgefunden, wo ihr seid, überlegt ihr euch anhand der Landkarte, auf welchem Weg ihr am besten zum Ziel kommt.

☺ 1 bis 2 km zum nächsten Wanderparkplatz
☺ 4 bis 5 km nach Hause oder zu einem Bahnhof
☺ mit Zwischenstationen und Übernachtung

Abenteuerlustige: alle in der Familie
Zeit: eine Stunde bis eine Nacht
Ausrüstung: topografische Karte, Kompass, Notfalltelefon, Verpflegung, ggfs. Ausrüstung zum Biwakieren
Tipps & Tricks: Wenn ihr eure Kontaktperson nicht erreicht, könnt ihr euren Standort mit dem Smartphone bestimmen und damit zum Ziel navigieren (aber nur im Notfall, sonst ist es kein Abenteuer).
Vorsicht: Bitte lasst vorher auch testen, wie gut der Empfang ist. In einem Funkloch kann es riskant werden.
Ideen für das nächste Abenteuer: Querwaldeinwanderung, Trekkingtour

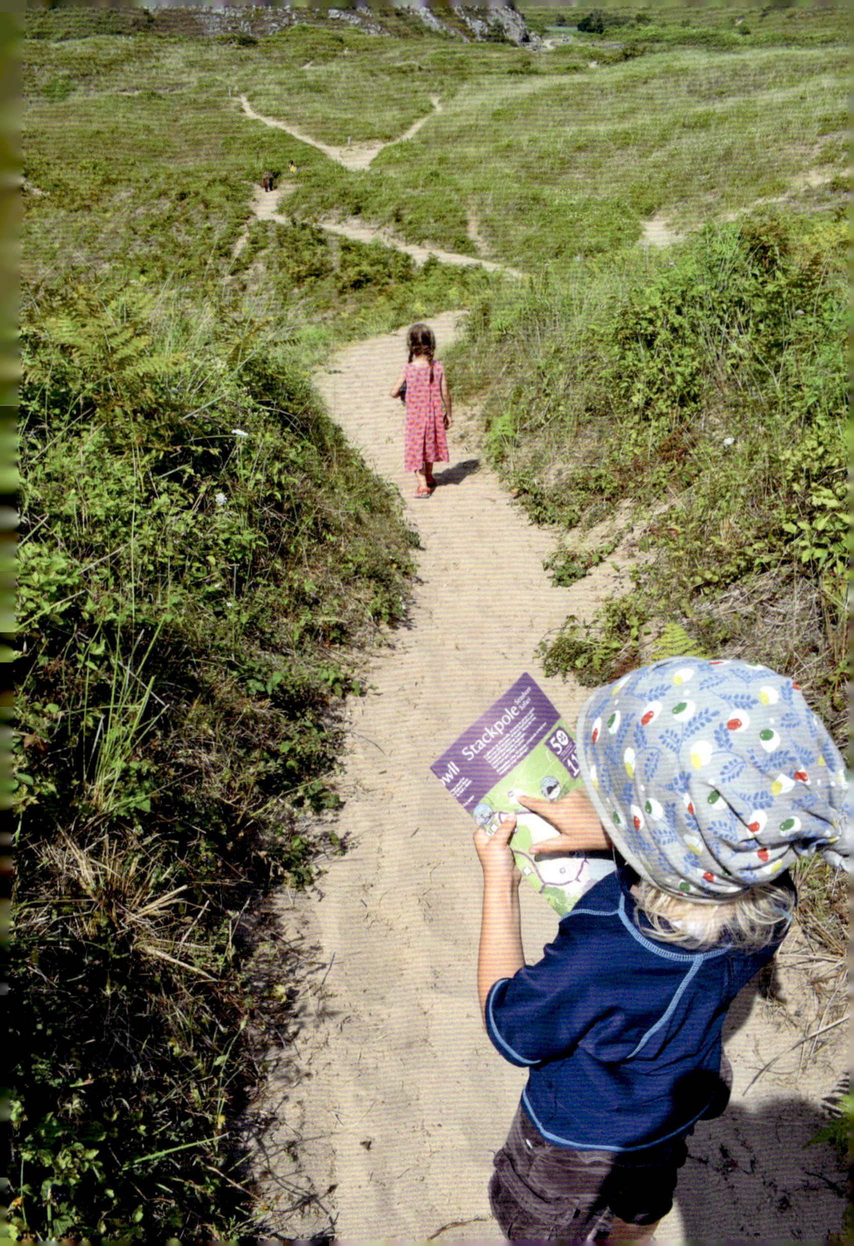
Stackpole

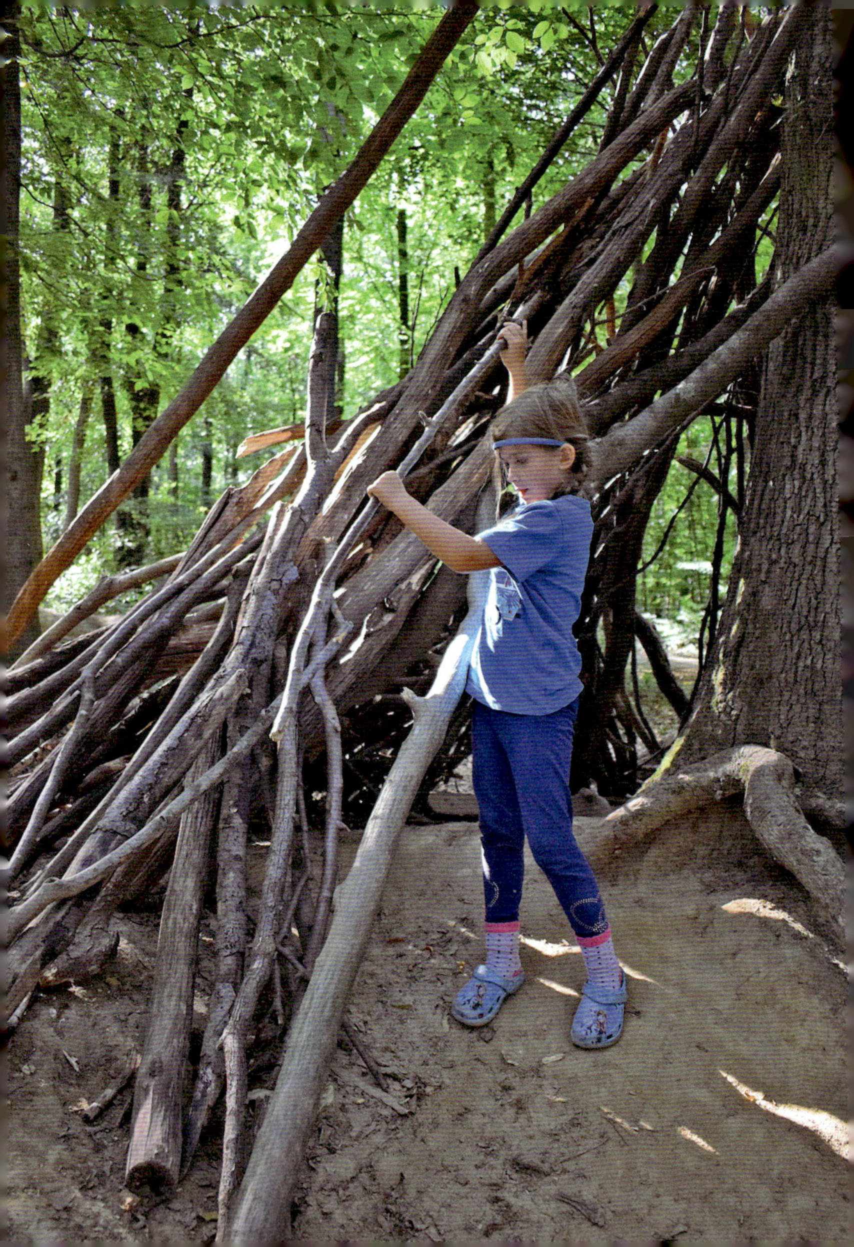

Hütte bauen

Ein selbst gebauter Unterschlupf im Wald ist ein großartiges Familienprojekt. Ihr könnt zum Beispiel eine Art Tipi bauen, ein bereits vorhandenes Erdloch überdachen, zwischen zwei Bäumen ein Dach bauen oder eine kleine Laubhütte bauen.

Die klassische Waldhütte wird so gebaut: Sucht euch einen dicken Stock, der mindestens doppelt so lang ist wie ihr. Den legt ihr so an einen Baum oder eine Felswand, dass er nicht verrutschen kann, also am besten in eine Astgabel. Nun stellt ihr rechts und links von dem Hauptstock dicke Stöcke zu einem Spitzdach auf. Spart dabei direkt am Baum/Fels einen Eingang aus. Wenn zwischen den Stöcken noch Lücken sind, füllt ihr diese mit dünneren Stöcken aus. Nun könnt ihr das Dach noch mit Laub oder Reisig verschönern und tarnen.

Für ein Tipi sucht ihr lange Äste, die ihr im Kreis um einen Baum stellt und mit der Spitze an den Baumstamm legt. Achtet dabei auf guten Halt, damit nicht alles zusammenkracht. Wenn es Äste mit Astgabeln sind, könnt ihr dort auch Querhölzer für den Eingang auflegen. Je länger die Äste sind, desto größer wird der Innenraum der Hütte.

Baut die Hütte wieder ab, wenn ihr sie nicht mehr braucht. Ihr solltet den Wald immer so verlassen, wie ihr ihn vorgefunden habt.

☺ eine bereits von anderen gebaute Hütte ausbauen
☺ eine eigene Hütte bauen
☺ in der eigenen Hütte picknicken und/oder übernachten

Abenteuerlustige: alle in der Familie
Zeit: eine oder mehrere Stunden
Ausrüstung: keine
Tipps & Tricks: Wenn ihr bei Regen in der Hütte übernachten wollt, wählt einen gesunden Nadelbaum (die Äste und Zweige leiten das Wasser vom Stamm weg) und legt ein Tarp über euer Dach.
Vorsicht: Bitte reißt zur Tarnung kein Moos aus, es will weiterleben. Achtet darauf, dass keiner der Äste auf euch fällt.
Ideen für das nächste Abenteuer: Übernachten unter freiem Himmel, Wanderstock schnitzen

Kletterwald

In einem Kletterwald könnt ihr durch schaukelnde Netze klettern, auf schwankenden Balken balancieren, über wackelige Hängebrücken laufen – und am Ende auf einer Seilrutsche ans Ziel rasen!

Das ist ein spaßiger Nervenkitzel, bei dem jedes Familienmitglied seine Grenzen austestet und über sich selbst hinauswachsen kann. Hier haben es kleine, geschickte Familienmitglieder mit Gleichgewichtssinn sogar leichter als große und kräftige.

In der Einweisung wird erklärt, welche Sicherheitsregeln zu beachten sind. Dabei probiert ihr die Ausrüstung in einer Probestrecke am Boden aus. Eine solche Strecke nennt sich Parcours. In jedem Kletterwald findet ihr für jedes Alter und jedes Können das Richtige – zwischen den Baumkronen in 12 m Höhe oder knapp über dem Waldboden.

 Du hast einen Parcours geschafft.

 Du warst in deinen Lieblingsparcours, bis die Kletterzeit vorbei war.

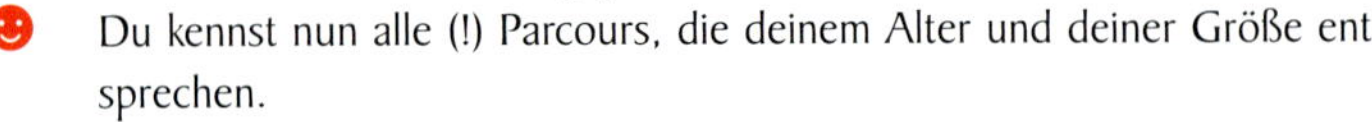 Du kennst nun alle (!) Parcours, die deinem Alter und deiner Größe entsprechen.

Abenteuerlustige: Jeder Kletterwald hat eigene Regeln zu Mindestalter und Körpergröße.

Zeit: Mehrere Stunden. Die meisten Kletterwälder sind nur im Sommerhalbjahr geöffnet, meist von März bis Oktober.

Ausrüstung: Zieht bequeme Kleidung und feste Schuhe an. Den Klettergurt und den Helm bekommt ihr vom Betreiber des Kletterwaldes. In Coronazeiten erlauben manche Kletterwälder auch eigene Helme und eigene Handschuhe.

Tipps & Tricks: Die Klettergärten haben ihre eigenen Guides, die euch einweisen und jederzeit helfen. Es ist mutig und vernünftig, um Hilfe zu bitten und sich bei Problemen auch vor Ende des Parcours abseilen zu lassen.

Vorsicht: Niemals mit der Hand an das Stahlseil fassen, an dem die Sicherungsrolle hängt. Quetschgefahr!

Ideen für das nächste Abenteuer: Kletterhalle, Bouldern, Via Ferrata

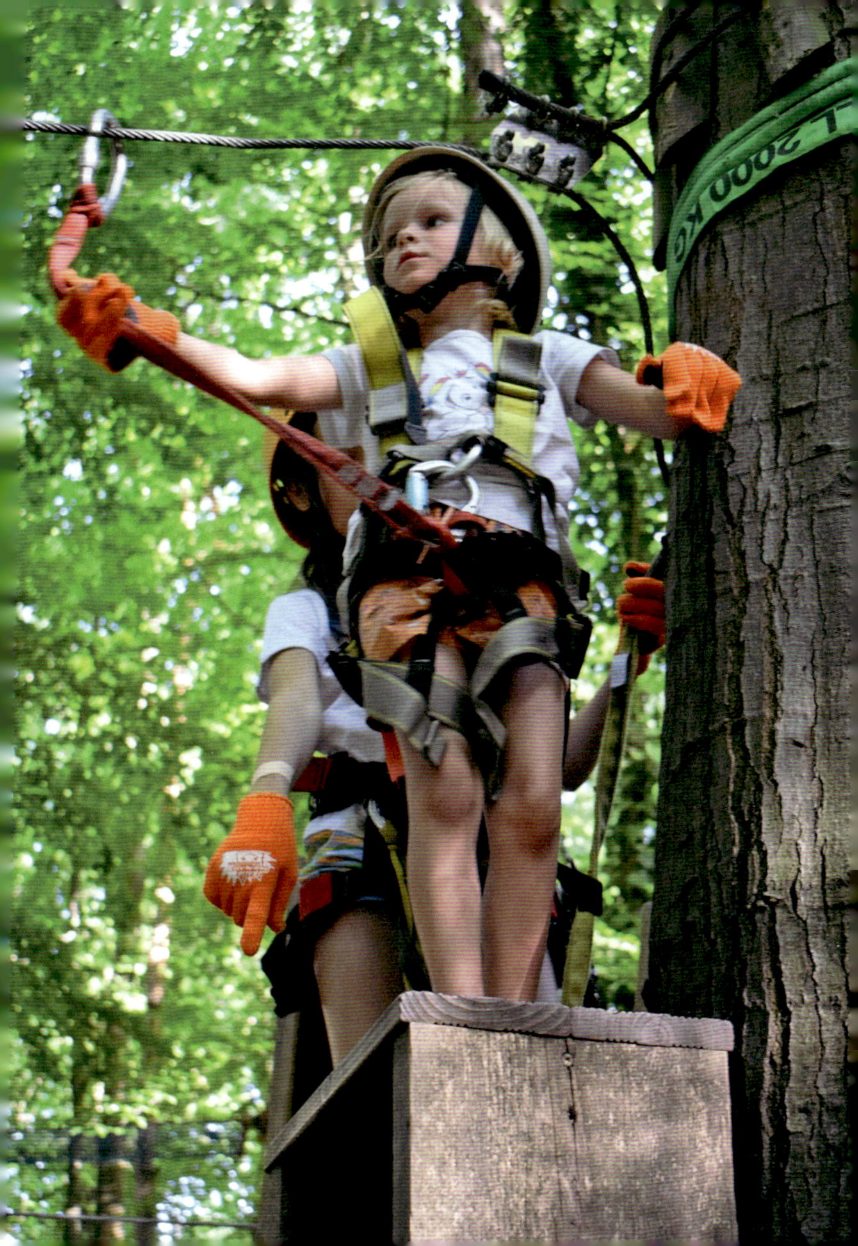

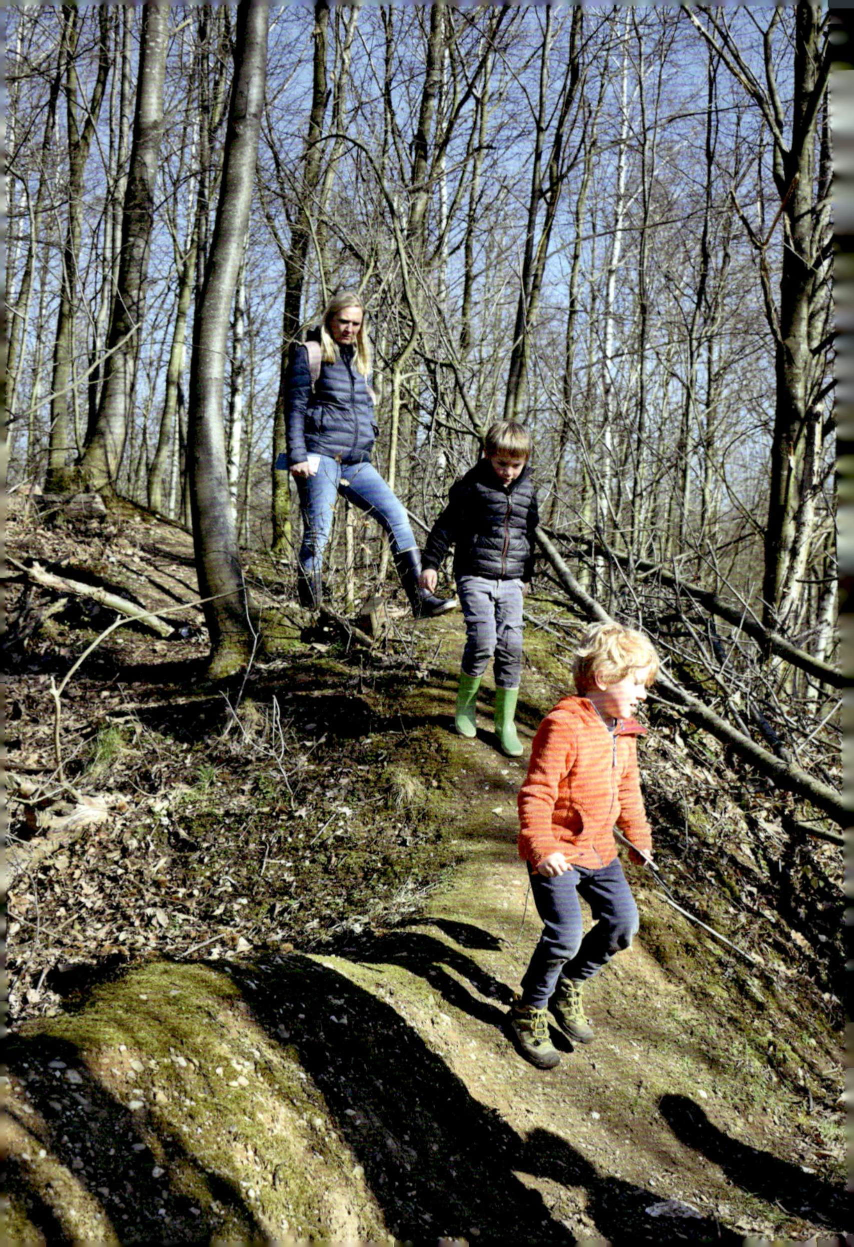

Querwaldeinwanderung

Bei fast jeder Wanderung seid ihr auf Wegen und Pfaden unterwegs. Sind diese so zugewachsen, dass ihr sie nicht mehr sehen könnt, zweifelt ihr sogar daran, ob ihr noch richtig seid. Heute dreht ihr den Spieß um: Ihr erteilt euch ein Weg- und Pfadverbot.

Ab sofort wandert ihr quer durch den Wald, umgeht Felsen, klettert über umgefallene Bäume, springt über Bächlein und Pfützen. Alles ist erlaubt, nur Wege und Pfade dürfen nicht betreten werden – außer natürlich, ihr müsst sie kreuzen, um zu eurem Ziel zu kommen.

Legt fest, wie lange ihr quer durch den Wald gehen wollt. Vielleicht findet ihr auf der Landkarte auch ganz in der Nähe eine Stelle, die ihr querwaldein erreichen wollt. Nun merkt ihr euch die Himmelsrichtung, in die ihr gehen wollt. Auch die Kinder dürfen an den Kompass! Unterwegs fallen euch Dinge auf, die ihr vom Weg nie gesehen hättet: Ein Grenzstein hinter einem Busch, ein dick mit Moos bewachsener Fels, ein kleiner Tümpel mit Kaulquappen, ein Hochsitz oder eine kleine Höhle, an der ihr jahrelang unwissentlich vorbeigegangen seid.

Eigentlich heißt das Wort ja „querfeldein" und es funktioniert natürlich auch überall. Aber im Wald ist dieses Mikroabenteuer doppelt so schön – und ihr verärgert keine Bauern, weil ihr ihnen durch die Saat trampelt.

☻ von einem Weg querwaldein zum nächsten Weg gehen
☻ ein euch bekanntes Ziel querwaldein erreichen
☻ eine ganze Querwaldeinwanderung

Abenteuerlustige: alle in der Familie
Zeit: wenige Minuten bis mehrere Stunden
Ausrüstung: Kompass, Karte, GPS
Tipps & Tricks: Witzig daran ist, dass dies sogar in einem Gebiet zum Abenteuer werden kann, dessen Wege ihr eigentlich sehr gut kennt, weil ihr dort jeden Tag die Hunderunde dreht oder euer Schulweg dort verläuft.
Vorsicht: In Naturschutzgebieten und vielen Nationalparks dürfen die Wege nicht verlassen werden.
Ideen für das nächste Abenteuer: Geisterjagd, Waldhütte bauen

Tierspuren erkunden

Auch wenn das Tier schon lange nicht mehr an dieser Stelle ist, könnt ihr seine Spuren sehen. Die bekanntesten Tierspuren sind ihre Trittsiegel (Fährten) im Schnee, Sand oder Schlamm. Welches Tier mag hier vorbeigelaufen sein? An der Form und Größe der Abdrücke könnt ihr erkennen, ob es ein Vogel, ein Pferd oder ein Feldhase war.

Nun stellt sich sofort die Frage, ob es nur ein Tier war oder eine ganze Gruppe. Von wo ist es gekommen? Wohin ist es gegangen? Verlieren sich die Spuren einer Ente am Ufer des Stadtwaldweihers, weil sie ab dort geschwommen ist?

Nicht immer sind es eindeutige Trittsiegel, manchmal sind es auch Linien. Das könnte eine Schlange oder Ringelnatter gewesen sein – oder ein Fahrrad!

Achtet auch auf andere Spuren: angeknabberte Kiefernzapfen, angebissene Haselnüsse, ausgefallene Federn, in Zäunen hängende Schafwolle. Schaut euch die Bäume genau an: Weiter unten findet ihr mitunter Borsten von einem Wildschwein, das sich daran geschubbert hat, weiter oben entdeckt ihr womöglich ein Spechtloch. Stehen an einer Stelle ganz viele Minibuchen oder Minieichen? Dann seid ihr auf den (nicht wiedergefundenen) Wintervorrat einer Waldmaus oder eines Eichhörnchens gestoßen, der im drauffolgenden Frühjahr gekeimt ist.

Auch abgestorbene Bäume sind interessant: So traurig der Tod einer Fichte ist, so faszinierend ist das Muster, das die Borkenkäferlarven in die Borke (= Rinde) gefressen haben. Vielleicht ist sogar ein Tier gestorben und ihr findet nur noch ein leeres Schneckenhaus oder einen skelettierten Mauseschädel.

☺ Unterscheidet die Fußabdrücke von Hunden und Vögeln.
☺ Bestimmt fünf verschiedene Trittsiegel.
☺ Findet neben Trittsiegeln auch andere Tierspuren.

Abenteuerlustige: alle in der Familie
Zeit: wenige Minuten bis eine Stunde
Ausrüstung: keine
Tipps & Tricks: Fotografiert die Spuren und schaut zu Hause nach Details.
Vorsicht: Bitte nach dem Berühren von Fundstücken die Hände waschen.
Ideen für das nächste Abenteuer: Fotosafari

Spuren und Fährten von Hartmut Engel, Conrad Stein Verlag, Basiswissen für draußen, ISBN 978-3-86686-353-8, € 8,90

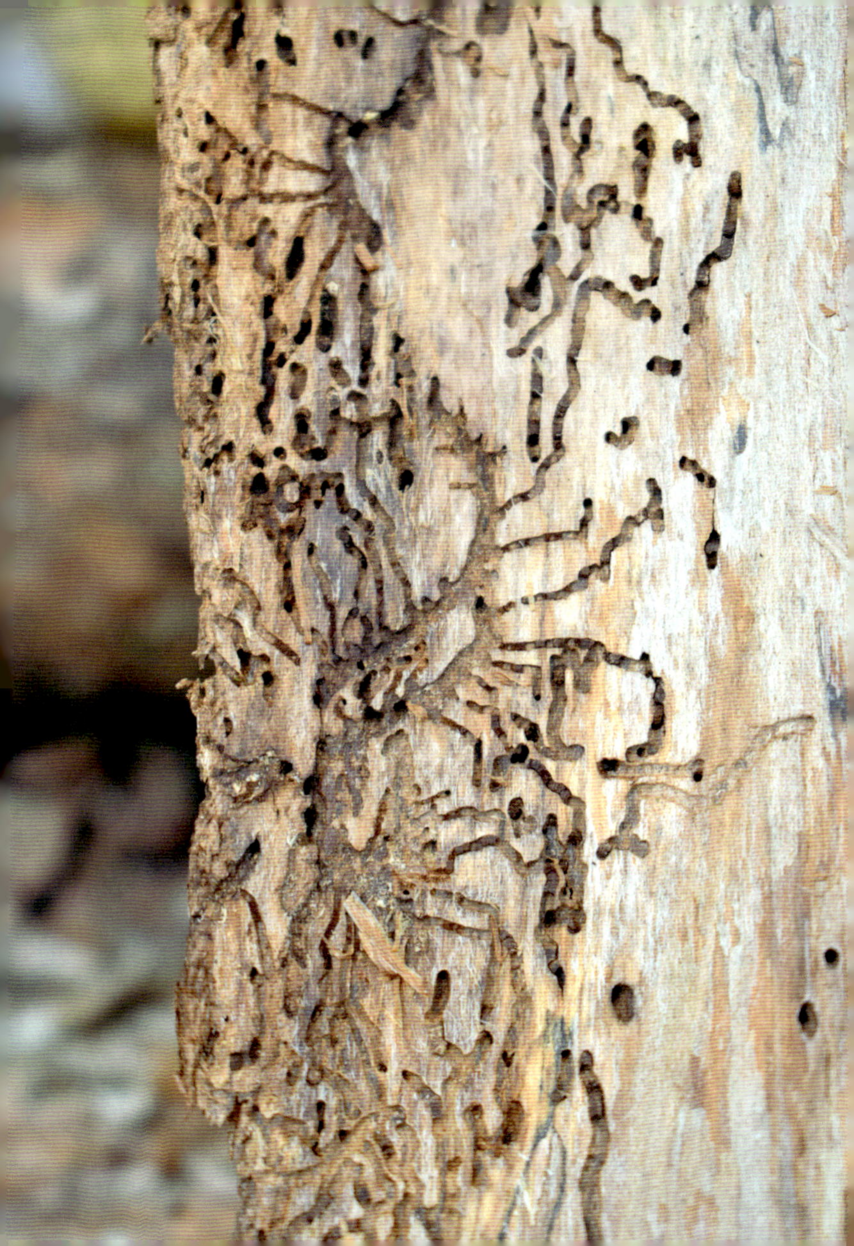

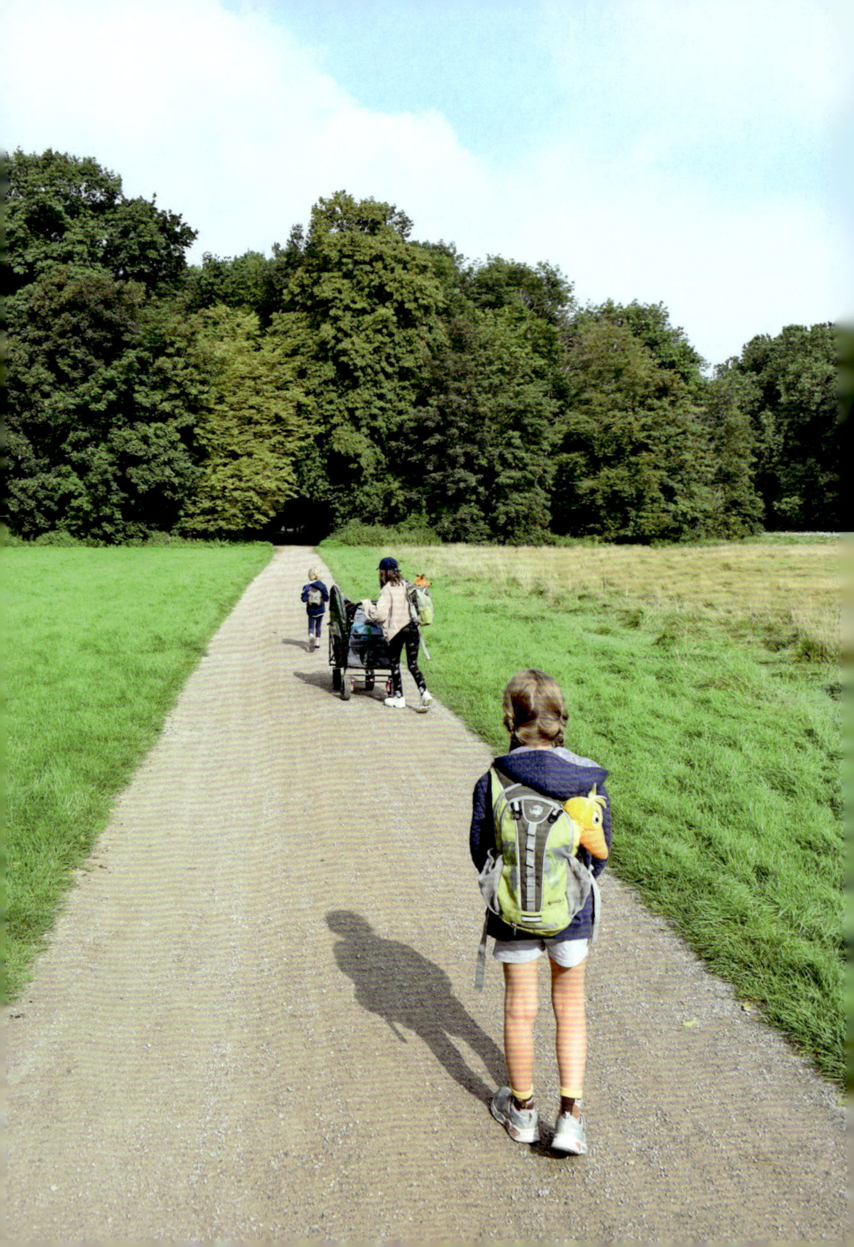

Trekking

Trekking ist mehr als Wandern. Briten unterscheiden zwischen *hike* (= Wanderung) und *trek* (= lange, anstrengende Reise zu Fuß). Gemeint ist bei Letzterem eine mehrtägige Wanderung, bei der ihr auf feste Unterkünfte verzichtet und dicht besiedelte Gebiete hinter euch lasst.

Wer auf eine große Trekkingtour in abgelegene Gebiete aufbricht, wird vom Veranstalter mit hohen Anforderungen an seine Ausrüstung und Wildnisfähigkeit verunsichert.

Als Mikroabenteuer ist Trekking hingegen auch für Anfänger machbar und der perfekte Einstieg in größere Vorhaben. Lasst euch auf das Unbekannte ein und freut euch auf die pure Natur. Lasst euch treiben, seid neugierig und genießt. Wer weiß, wohin euch euer Weg führt. Ihr lauft im eigenen Tempo. Wo es schön ist, macht ihr eine Pause oder schlagt euer Nachtlager auf. Bitte beachtet dabei, dass ihr mit dem Zelt auf einen Camping- oder Trekkingplatz müsst. Für ein zeltloses Nachtlager meidet ihr Naturschutzgebiete und Privatgrund.

Ursprünglich bezeichnete Trekking nur die Fortbewegung zu Fuß, inzwischen zählen auch Wanderreiten und Touren mit Kanu, Packraft, Fahrrad, Ski und Schneeschuhen dazu.

- Tour mit festem Ziel
- Tour ohne festes Ziel mit Zelt
- Tour ohne Ziel & Zelt

Abenteuerlustige: alle in der Familie
Zeit: mindestens zwei Tage mit einer Übernachtung
Ausrüstung: Wanderschuhe, Regensachen, Erste-Hilfe-Set, Rucksack, Schlafsack, Isomatte, Kocher, Verpflegung, Wasser, Klappspaten für „Toilettengänge", Zelt/Biwaksack/Tarp/Plane, Wechselkleidung, Taschen-/Stirnlampe, Smartphone + Powerbank für eure Sicherheit
Tipps & Tricks: In vielen deutschen Regionen gibt es Trekkingplätze, die allerdings die Spontanität bremsen, weil sie lange im Voraus bereits ausgebucht sind.
Vorsicht: Hinterlasst vor dem Start bei eurem Notfallkontakt eure grobe Planung.
Ideen für das nächste Abenteuer: Tiertrekking, Packrafting

Trekking ultraleicht von Stefan Dapprich und Stefan Kuhn, Conrad Stein Verlag, Basiswissen für draußen, ISBN 978-3-86686-654-6, € 9,90

Waldbaden

Das hört sich jetzt erst einmal kurios an: Bei diesem Bad bleibt ihr wahrscheinlich trocken. Denn ihr badet mit allen Sinnen im Wald. *Waldbaden* ist ein Fachbegriff, der bei Achtsamkeitstrainings und in der ganzheitlichen Gesundheitsvorsorge gebraucht wird. Die Japaner schwören seit Jahrhunderten auf die positiven Wirkungen des Waldbadens und nennen es Shinrin-yoku. Das unterscheidet sich von anderen Besuchen im Wald ganz deutlich. Es geht nicht darum, eine bestimmte Kilometerzahl zu wandern, eine langlebige Waldhütte zu bauen oder besonders viele Geocaches zu heben. Im Gegenteil.

Stellt euch vor, am Waldrand gäbe es ein Schild, das euren Sorgen und ehrgeizigen Planungen den Zutritt verbietet. Nun geht ihr ganz gemütlich durch den Wald und achtet auf eure Umgebung. Dabei riecht ihr die harzigen Nadelbäume und den würzigen Duft von Wildkräutern. Ihr lauscht dem Rauschen der Blätter, einem plätschernden Bach und dem Gesang der Waldvögel. Eure Augen entspannen sich bei Fernblicken und beim Anblick der Bäume, Gräser und Moose. Immer wenn euch danach ist, haltet ihr inne. Keiner hetzt den anderen. Wenn euch etwas ins Auge fällt, geht hin und berührt es. Umarmt Bäume, werft Blätter in die Luft und macht es euch im Moos gemütlich. Meditiert und träumt, balanciert auf Baumstämmen, macht Yoga oder seht den Schmetterlingen beim Tanzen zu. Ganz egal. Wichtig ist nur, dass ihr den Wald ganz intensiv wahrnehmt.

- ☺ ein kurzes Waldbad während eines anderen Waldbesuchs
- ☺ Ihr nehmt verschiedene Düfte, Klänge, Farben ... wahr.
- ☺ Es gelingt euch, vollkommen zu entspannen.

Abenteuerlustige: alle in der Familie
Zeit: wenige Minuten bis mehrere Stunden
Ausrüstung: vielleicht eine Picknickdecke oder ein Sitzkissen
Tipps & Tricks: Professionelle Guides und Waldbademeister können euch beim ersten Waldbaden hilfreiche Denkanstöße geben.
Vorsicht: Bitte entfernt euch bei aller Entspannung nicht weiter voneinander, als ihr rufen könnt.
Ideen für das nächste Abenteuer: Baumkuscheln, Querwaldeinwanderung

📖 **Waldbaden** von Ulrike Katrin Peters, Conrad Stein Verlag, Basiswissen für draußen, ISBN 978-3-86686-681-2, € 8,90

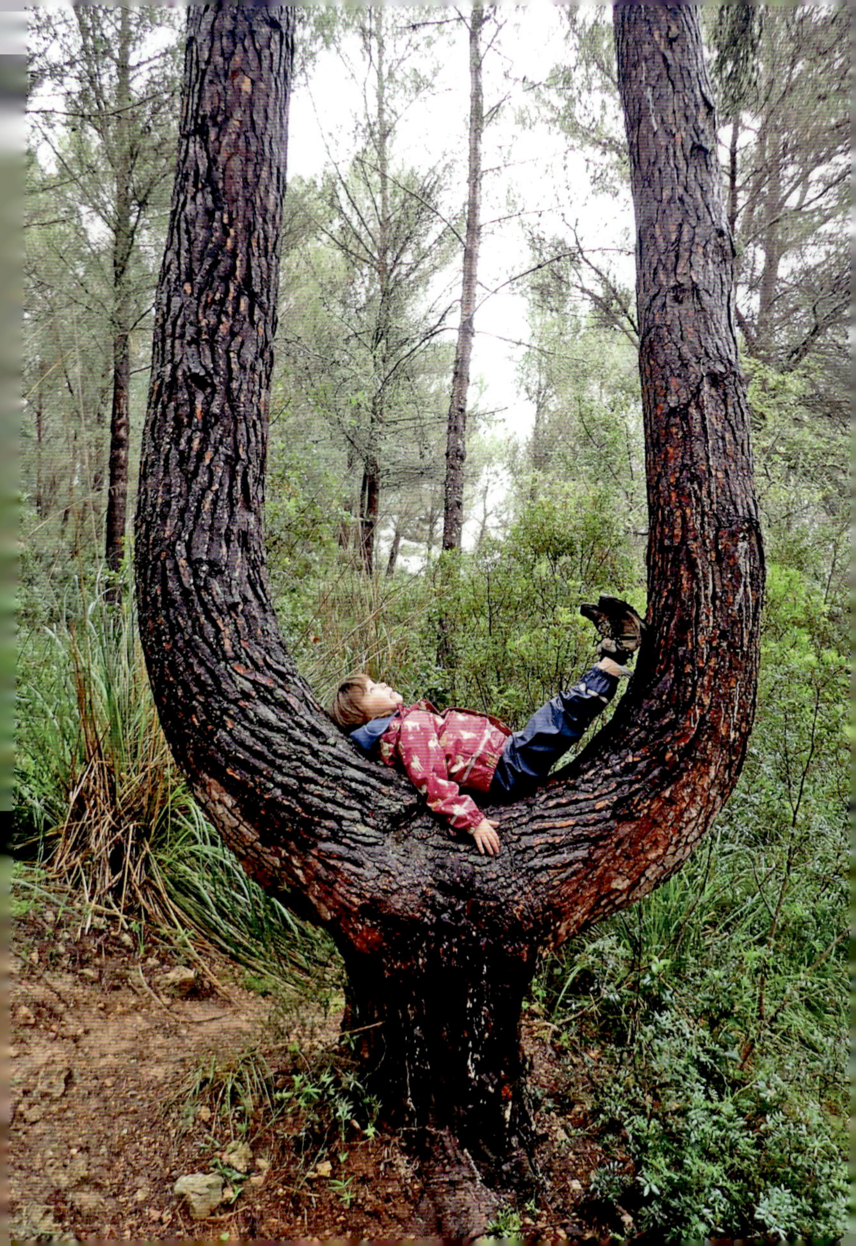

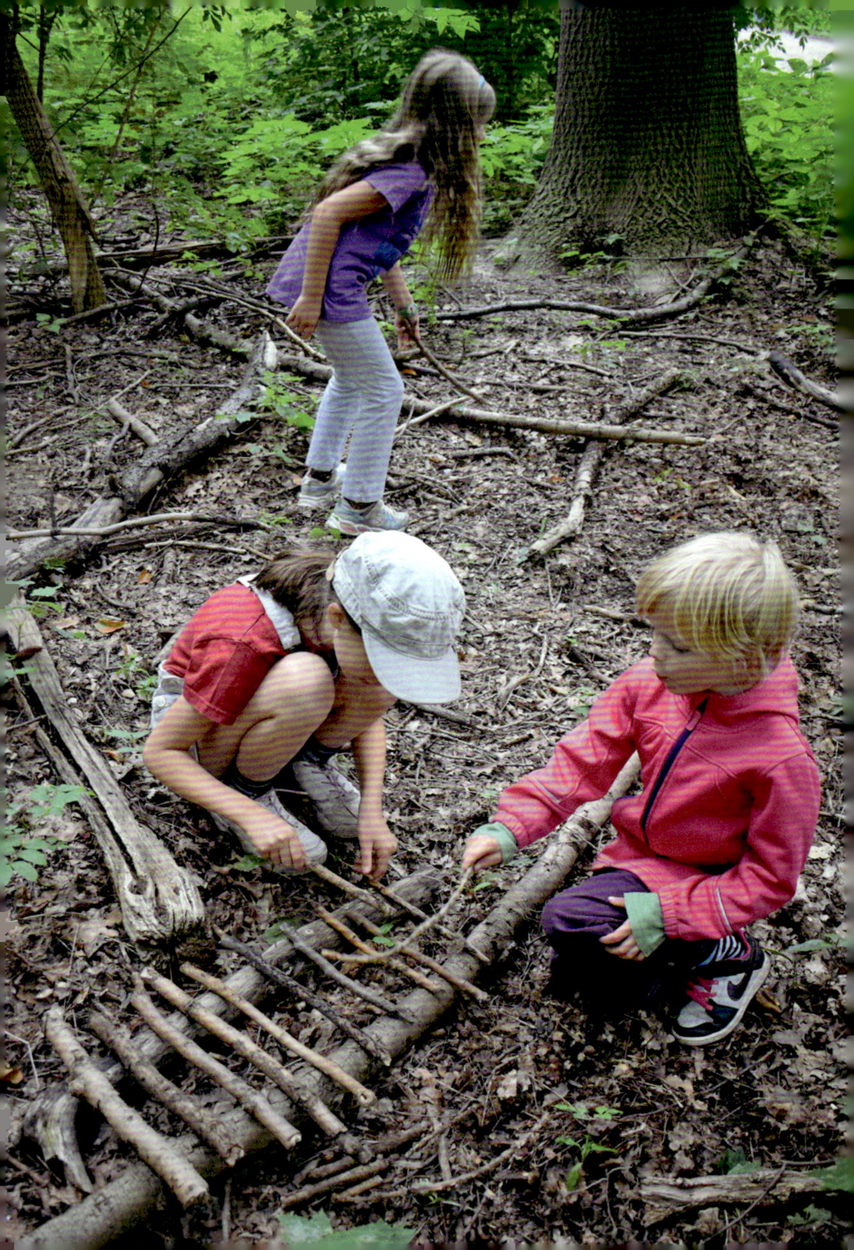

Waldmusik

Unnötigen Lärm hören die meisten Waldbewohner und Waldbesucher gar nicht gern. Aber gegen gute Waldmusik haben sie sicher nichts einzuwenden. Keine Angst, Bastelkenntnisse sind nicht erforderlich.

Ihr könnt ganz entspannt ein Waldkonzert besuchen. Dazu lauscht ihr in den Wald hinein. Da singt doch ein Vogel und ein Specht klopft dazu. Ein Bach plätschert, ein Ast wiegt sich quietschend im Wind. An heißen Tagen zirpen die Grillen auf dem Feld am Waldrand.

Ihr könnt aber auch mit einfachsten Mitteln selbst Musik machen. Am schnellsten könnt ihr zwei Stöcke oder zwei Steine finden, die ihr im Takt gegeneinanderschlagt. Verändert sich der Ton, wenn ihr unterschiedlich lange/dicke Stöcke nehmt oder ein anderes Gestein wählt?

Mit etwas Ruhe und Geschick ist ganz schnell eine Grashalm-Tröte gebaut: Nehmt einen großen, breiten Grashalm am einen Ende zwischen beide Daumenballen und spannt ihn straff zu den Daumenkuppen. Zwischen den mittleren Daumengliedern entsteht auf diese Weise ein kleiner Spalt, in dem der Halm klemmt. Wenn ihr nun genau auf diese Stelle pustet, entsteht ein quietschender Ton, weil der Grashalm zwischen euren Daumen vibriert.

In der Bedienung unkomplizierter ist ein Wald-Xylophon: Legt zwei lange und kräftige Äste parallel zueinander auf den Boden. Dann legt ihr mehrere kürzere Stöcke nach der Größe sortiert quer darüber. Das sind die Klangstäbe. Nun fehlen noch ein oder zwei Schlaghölzer und schon geht es los.

- ☺ (grün) ein Waldkonzert belauschen
- ☺ (gelb) Alle üben auf einem gemeinsam gebauten Waldinstrument.
- ☺ (rot) Ihr gründet ein Orchester mit mehreren Instrumenten.

Abenteuerlustige: alle in der Familie
Zeit: wenige Minuten
Ausrüstung: keine
Tipps & Tricks: Achtet darauf, dass die Klangstäbe nicht morsch sind. Dann klingen sie nicht.
Vorsicht: Bitte beim Abreißen nicht am Gras schneiden.
Ideen für das nächste Abenteuer: Hütte bauen, Tierspuren erkunden

Am und im Wasser

Bachwanderung

Wasser übt einen ganz besonderen Reiz auf Wanderer aus. Versteckte Quellen im Wald, kleine Rinnsale und muntere Bächlein lockern jede Wanderung auf. Warum also nicht einmal ganz gezielt einen Bach zum Hauptdarsteller einer Wanderung machen?

Viele Wanderwege folgen Bächen durch ihre Bachtäler. Für den Anfang geht ihr auf einem solchen Weg am Ufer des Bachs entlang, bis ihr die Quelle erreicht oder er in einen anderen Bach, einen See oder einen Fluss mündet.

Die Quelle und die Mündung liegen an keinem Weg? Egal, dann folgt ihr dem Bach eben weglos. Das kann – je nach Gelände – einfach oder kniffelig sein. Vielleicht ist das Ufer dicht bewaldet oder besteht aus Geröll. Auch kleine sumpfige Gebiete können vorkommen. Dann ist es oft sogar leichter, im Bach zu laufen, das nennt sich Canyoning. Natürlich macht ihr das nur da, wo das Wasser flach ist und eine geringe Strömung hat. Das kühle Wasser umfließt eure Knöchel. Mit wasserfesten Schuhen ist das Verletzungsrisiko kleiner, barfuß spürt ihr Sand, Steine, Schlamm und Pflanzen genauer. Der natürliche Verlauf des Bachs gibt die Richtung vor. Vielleicht kommt ihr sogar zu einem kleinen Wasserfall.

Bleibt einmal stehen und lauscht den Geräuschen des Bachs. Es kann plätschern und rauschen, gluckern und blubbern, murmeln und gurgeln.

☺ auf einem Wanderweg neben dem Bach
☺ ohne Wege neben dem Bach
☺ Mini-Canyoning im Bach

Abenteuerlustige: alle in der Familie, die sicher laufen können und Wasser mögen
Zeit: eine Stunde bis mehrere Tage
Ausrüstung: wasserfeste Schuhe, Handtuch, Wechselkleidung, Erste-Hilfe-Set
Tipps & Tricks: Die mit Algen bewachsenen grünen Steine sind die glitschigsten! Am bequemsten läuft es sich auf Sand und Kies.
Vorsicht: Bei weglosen Wanderungen neben und im Bachbett solltet ihr eure Leistungsgrenzen nicht überschreiten.
Ideen für das nächste Abenteuer: Querwaldeinwanderung, Barfußgehen, Baumstammbalancieren

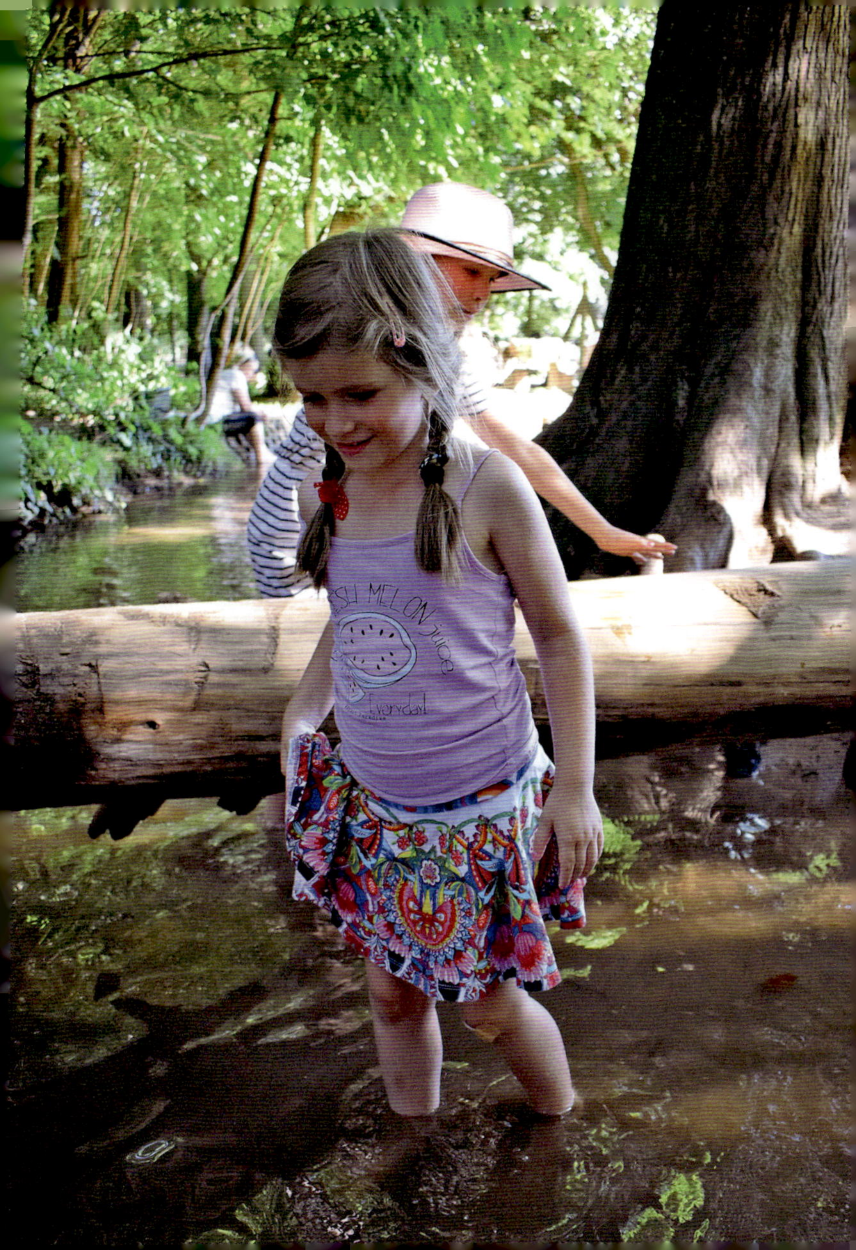
MELON juice
Everyday!

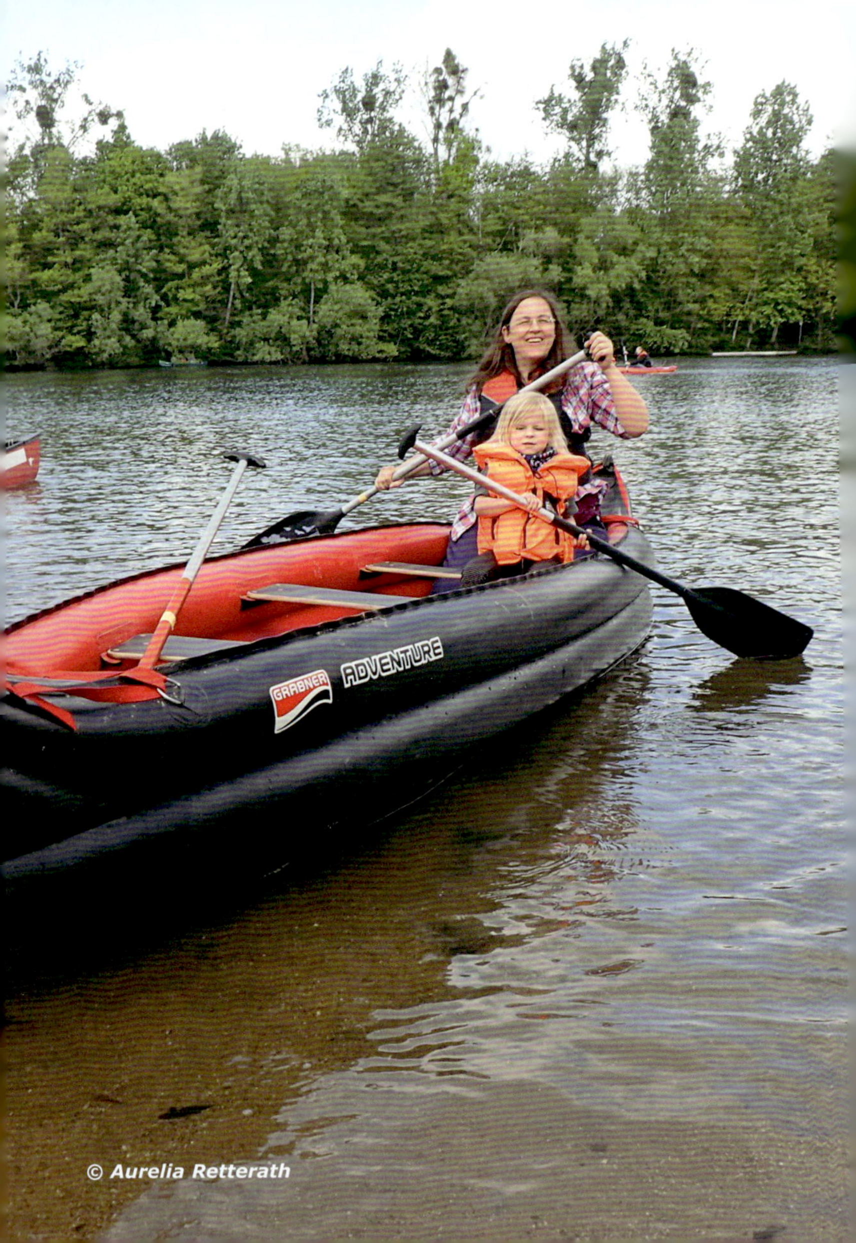
GRABNER
ADVENTURE
© Aurelia Retterath

Bootfahren

Über die verschiedenen Abenteuer, die ihr in Booten erleben könnt, müsste man ein eigenes Buch schreiben. Hier leider nur eine kurze Übersicht:

Bei einem **Ruderboot** sitzt der Ruderer mit dem Rücken zur Fahrtrichtung und zieht zwei Ruder durch das Wasser, die meist an eine Dolle mit dem Bootsrumpf verbunden sind.

Im **Tretboot** sitzen vorne zwei Große und treten die Pedale, hinten ist Platz für Mitfahrer, manchmal sogar eine Rutsche.

Kanu ist der Oberbegriff für Boote mit bis zu vier Sitzen, bei denen ihr in Fahrtrichtung sitzt. Die Paddel werden frei geführt (und können deshalb auch schneller ins Wasser fallen). Wir unterscheiden zwischen Kajaks mit geschlossenem Deck und offenen Kanadiern. Im **Kajak** oder Seekajak paddelt ihr sitzend mit Doppelpaddeln. Im **Kanadier** könnt ihr auch sitzen, aber für den Schwerpunkt, die Bewegungsfreiheit und die Kraftübertragung ist es besser, wenn ihr euch hinkniet. Gepaddelt wird mit Stechpaddeln.

Zum **Rafting** oder Wildwasserrafting werden robuste Schlauchboote verwendet, in denen bis zu zehn Personen einen Fluss hinabpaddeln. Am Heck sitzt ein Guide, der den Fluss kennt. Anders beim **Packraft**: Mit diesem leichten, stabilen Schlauchboot seid ihr allein unterwegs und kombiniert eine Wanderung mit einem Wassererlebnis (See, Fluss, Meeresküste).

☺ Tret- oder Ruderboot
☺ Kanadier oder Kajak
☺ Rafting oder Packrafting

Abenteuerlustige: Das hängt vom Boot ab. Manche Anbieter nehmen bei Kajak- oder Raftingtouren nur Schwimmer mit und legen ein Mindestalter fest.
Zeit: mehrere Stunden
Ausrüstung: Wechselkleidung für alle (in wasserfesten Beuteln, falls vorhanden), Schwimmwesten (☺ für Kinder und Nichtschwimmer, ☺ ☺ für alle), Helme bei Wildwasser
Tipps & Tricks: Mit einer wasserfesten Kamera könnt ihr selbst im/auf dem Wasser Fotos machen.
Vorsicht: Bei der Einweisung unbedingt genau zuhören und alle Regeln des Guides genau beachten.
Ideen für das nächste Abenteuer: Wasserfallerkundung, Floßbau

Floßbau

Wenn es in eurer Nähe einen geeigneten Weiher oder See gibt, auf dem ihr mit einem Floß fahren dürft, kommen hier zwei Bauanleitungen.

Am besten baut ihr zuerst ein Minifloß als Modell. Dafür nehmt ihr sechs gleich lange gerade Stöcke, die ihr nebeneinanderlegt. An beiden Enden legt ihr je einen Stock quer unter und einen Stock quer über die sechs Stöcke und verzurrt diese gut miteinander. Bindet einen Faden als Leine daran und testet die Konstruktion bei einer Probefahrt auf dem See oder auf einem Bach.

Für ein Floß, das Menschen trägt, nehmt ihr Baumstämme oder Balken. Beim Verzurren und Verknoten der Seile benötigt ihr wahrscheinlich die Kraft eines Erwachsenen. Die Balken dürfen sich nicht mehr bewegen.

Sollte das Floß schon ohne Ladung zu tief einsinken, befestigt ihr unter allen vier Ecken einen leeren (also mit Luft gefüllten) Kanister als zusätzlichen Auftrieb. Solche Kanister könnt ihr z. B. im Campingbedarf kaufen.

Nun probiert ihr an einer flachen Stelle aus, ob das Floß euch trägt. Alle halten das Floß fest, dann klettert ihr vorsichtig nacheinander hinauf. Wenn ihr ein gutes Gleichgewicht gefunden habt, könnt ihr es mit dem Paddel oder einem Stocher-Stab bewegen.

- ☺ ein Minifloß bauen
- ☺ ein großes Floß bauen
- ☺ mit dem eigenen Floß auf dem Weiher fahren

Abenteuerlustige: alle in der Familie, mind. ein Knotenkundiger

Zeit: 30 Minuten bis mehrere Stunden

Ausrüstung: Stöcke und Faden für das Minifloß, Balken/Baumstämme, Kordel, Paddel und/oder langer Stab und evtl. leere Kanister für das große Floß, Schwimmwesten

Tipps & Tricks: Wenn ihr einen weiteren Stock aufrecht auf euer Minifloß bindet und daran ein Stück Stoff oder ein Blatt befestigt, kann es bei Wind sogar segeln. Vorsicht: Nur gute Schwimmer dürfen mit dem Floß fahren. Bitte vorher klären, ob Floßfahren erlaubt ist.

Ideen für das nächste Abenteuer: Bachwanderung, Wildschwimmen

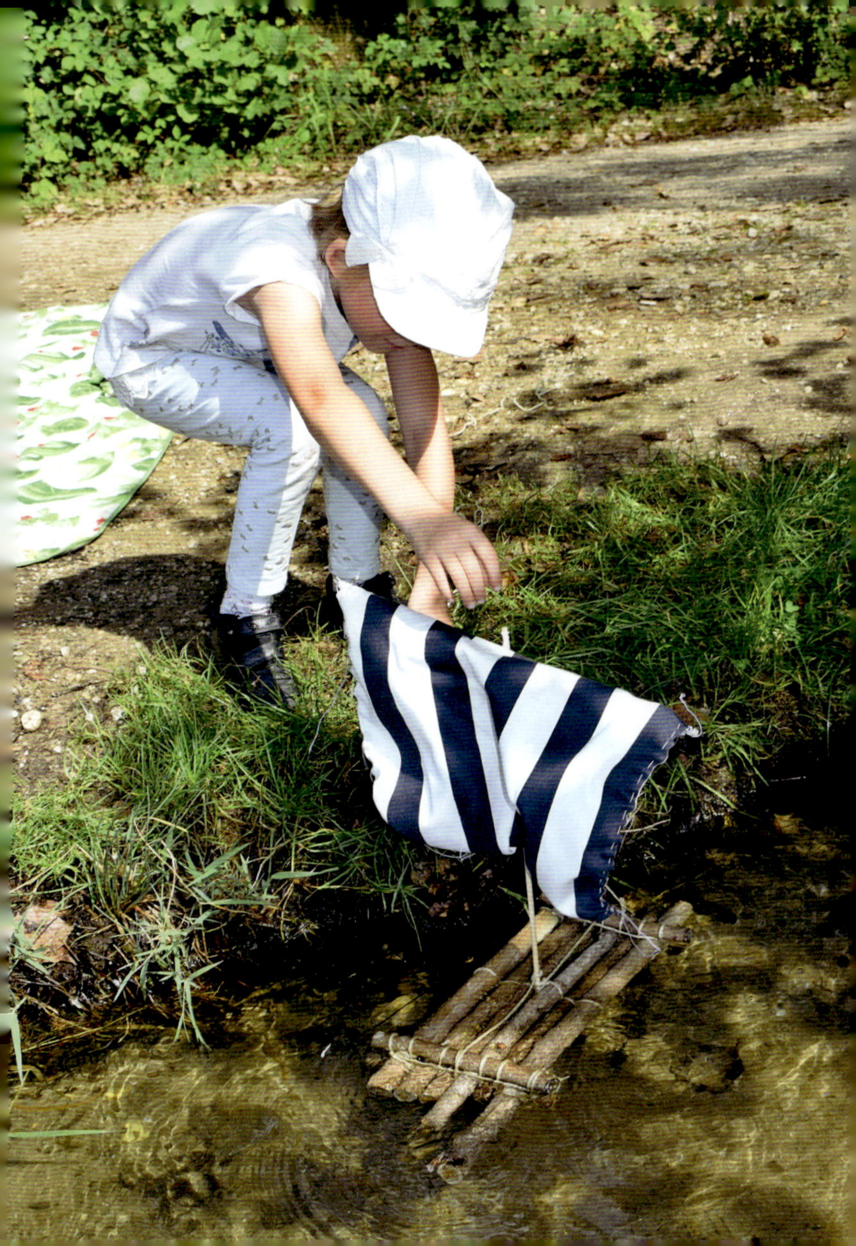

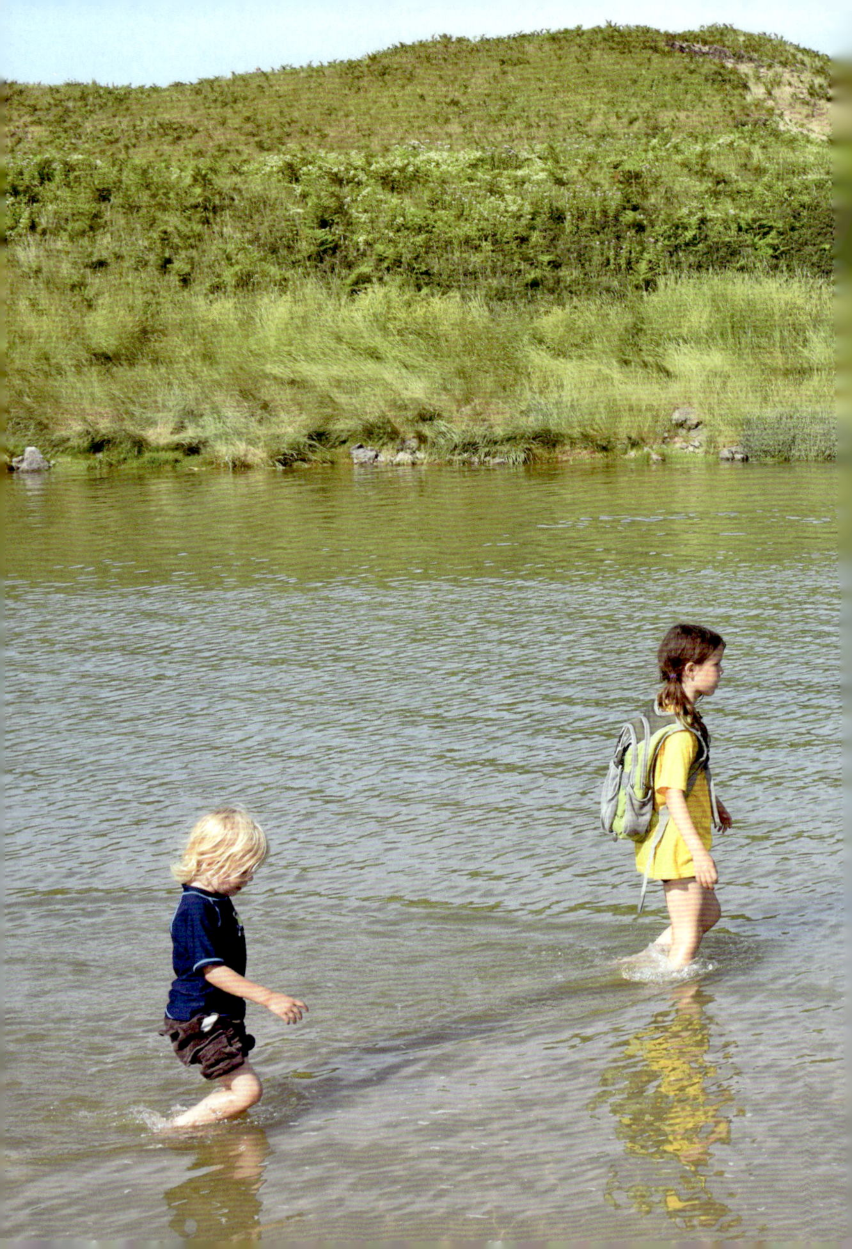

Inselumrundung

Der Name sagt alles: Eure Aufgabe ist es, eine Insel zu umrunden. Dabei bleibt ihr so dicht wie möglich am Ufer. Jede Fortbewegung ist erlaubt: Ihr könnt gehen, laufen, klettern, krabbeln, radeln, schwimmen, paddeln – wie ihr wollt.

In jedem Fall werdet ihr ein unvergleichliches Glücksgefühl haben, wenn ihr zurück zum Startpunkt kommt und realisiert, dass ihr es geschafft habt, mit eigener Muskelkraft einmal eine Insel zu umrunden.

Welche Insel habt ihr euch ausgesucht? Es kann eine Miniinsel in eurem Badesee sein, um die ihr einmal herumschwimmt. Oder eine Flussinsel, um die ihr auf Trampelpfaden herumwandert. Oder eine friesische Insel, die ihr an zwei aufeinanderfolgenden Tagen zu Fuß und mit dem Fahrrad umrundet. Vielleicht wählt ihr auch ein Eiland mit steilen Ufern und überhängenden Bäumen, sodass ihr auch klettern und krabbeln müsst.

Diese Erfahrung ist grade für Menschen wichtig, die sich nicht so richtig vorstellen können, dass es wirklich eine Insel ist, wenn sie nur ein Ufer sehen. Nach der Umrundung gibt es keine Zweifel mehr daran. Der internationale Name für dieses Mikroabenteuer ist übrigens Islandeering.

- 🟢 auf Wander- oder Radwegen
- 🟡 auf Naturpfaden an Land
- 🔴 über Stock & Stein und durch das Wasser

Abenteuerlustige: alle in der Familie, die schwimmen können
Zeit: eine Stunde bis mehrere Tage
Ausrüstung: Die Ausrüstung ist von der Insel abhängig, die ihr euch ausgesucht habt. Bei der einen reichen Turnschuhe, bei der anderen benötigt ihr Wechselkleidung und Ersatzschuhe in einem wasserfesten Packsack und bei der dritten braucht ihr Boote und Schwimmwesten.
Tipps & Tricks: An windstillen Tagen unbedingt wasserfesten Insektenschutz auftragen.
Vorsicht: Am Meer achtet ihr bitte auf Ebbe und Flut. Naturschutz- und sumpfige Gebiete umgeht ihr weiträumig.
Ideen für das nächste Abenteuer: Wildschwimmen, Coasteering oder eine Bachwanderung

Steine springen lassen

Seid ihr am Wasser unterwegs, wo Kiesel liegen? Dann habt ihr gute Chancen, geeignete Steine zu finden, die ihr über das Wasser springen lassen könnt. Die Steinart ist egal, einige Profis schwören auf Schiefer. Viel wichtiger ist, dass der Stein möglichst flach und glatt ist. Ovale oder gar runde Steine sind ideal.

Der beste Platz, um einen Stein über das Wasser hüpfen zu lassen, ist flaches Wasser mit wenig Wellen und ohne Seitenwind. Stellt euch ans Ufer oder geht bis zum Knöchel ins Wasser. Wichtig ist ein guter Stand, denn ihr macht eine Drehbewegung und wollt dabei ja nicht ins Wasser plumpsen.

Nun werft ihr den Stein mit aller Kraft möglichst flach über das Wasser. Nehmt den Stein dafür zwischen Daumen und Mittelfinger, holt weit aus und versucht, ihm beim Abwerfen mit dem Zeigefinger noch einen Stups zu geben. Er wird über das Wasser hüpfen! Machen eure Steine wenige weite Sprünge oder viele kleine, hohe Hüpfer?

Wie kann das sein? Die Schwerkraft müsste ihn doch nach unten ziehen?! Beim Werfen versetzt ihr dem Stein einen Drall und er dreht sich um sich selbst. Wenn der Stein nun ganz flach fliegt, trifft er zuerst mit dem hinteren Teil auf die Wasseroberfläche und erzeugt eine winzige Bugwelle, auf der er wie bei einer Sprungschanze wieder nach oben hüpft. Das funktioniert so lange, wie die Geschwindigkeit des Steins höher ist als die der Bugwelle und er den nötigen Drall für eine stabile Flugbahn hat.

Übrigens: Das Guinnessbuch der Rekorde verzeichnet einen Weltrekord von 88 Hüpfern!

☺ ein oder zwei Hüpfer
☺ drei oder vier Hüpfer
☺ fünf oder mehr Hüpfer

Abenteuerlustige: alle in der Familie
Zeit: wenige Minuten
Ausrüstung: keine
Tipps & Tricks: Je flacher der Stein aufs Wasser trifft, desto besser springt er, ideal ist ein Winkel von 20-30°.
Vorsicht: Bitte keine Steine auf Menschen oder Tiere werfen.
Ideen für das nächste Abenteuer: Bachwanderung, Floßbau

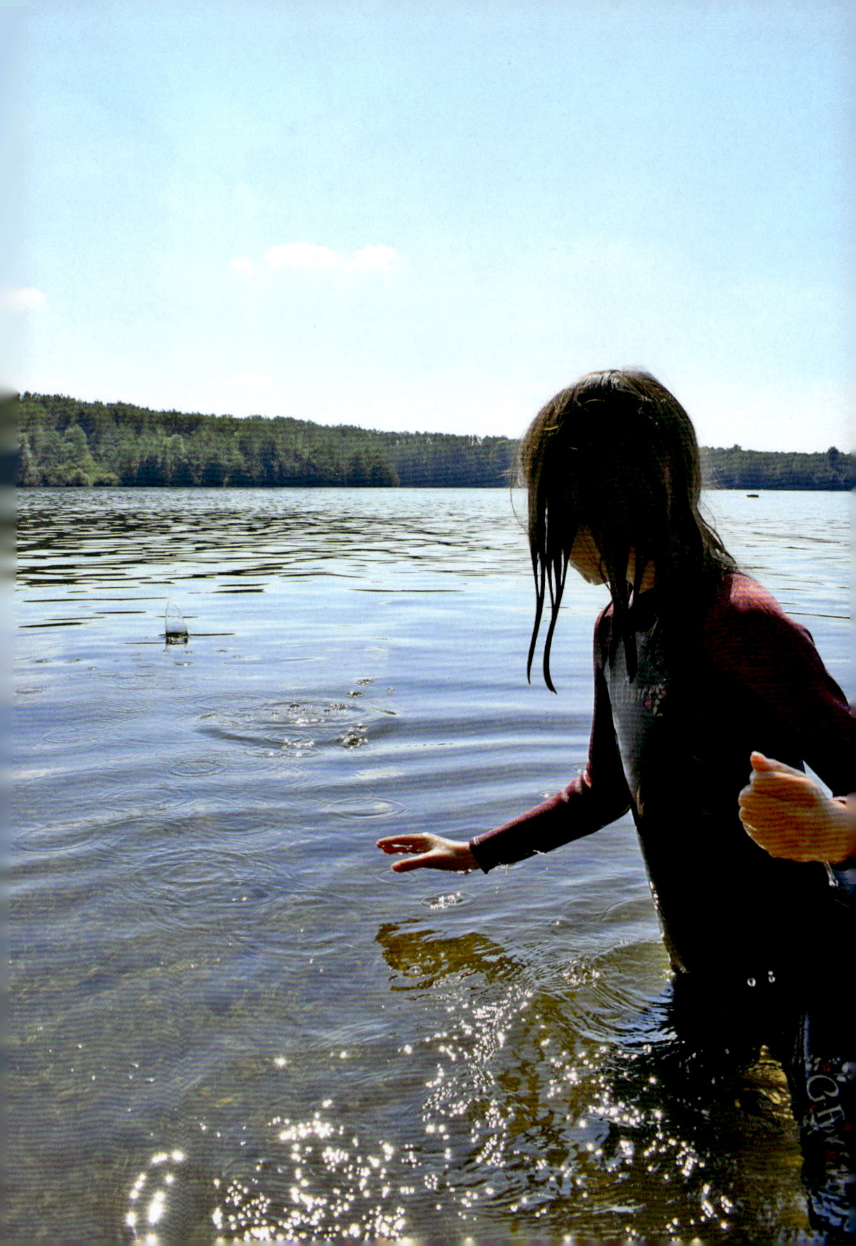

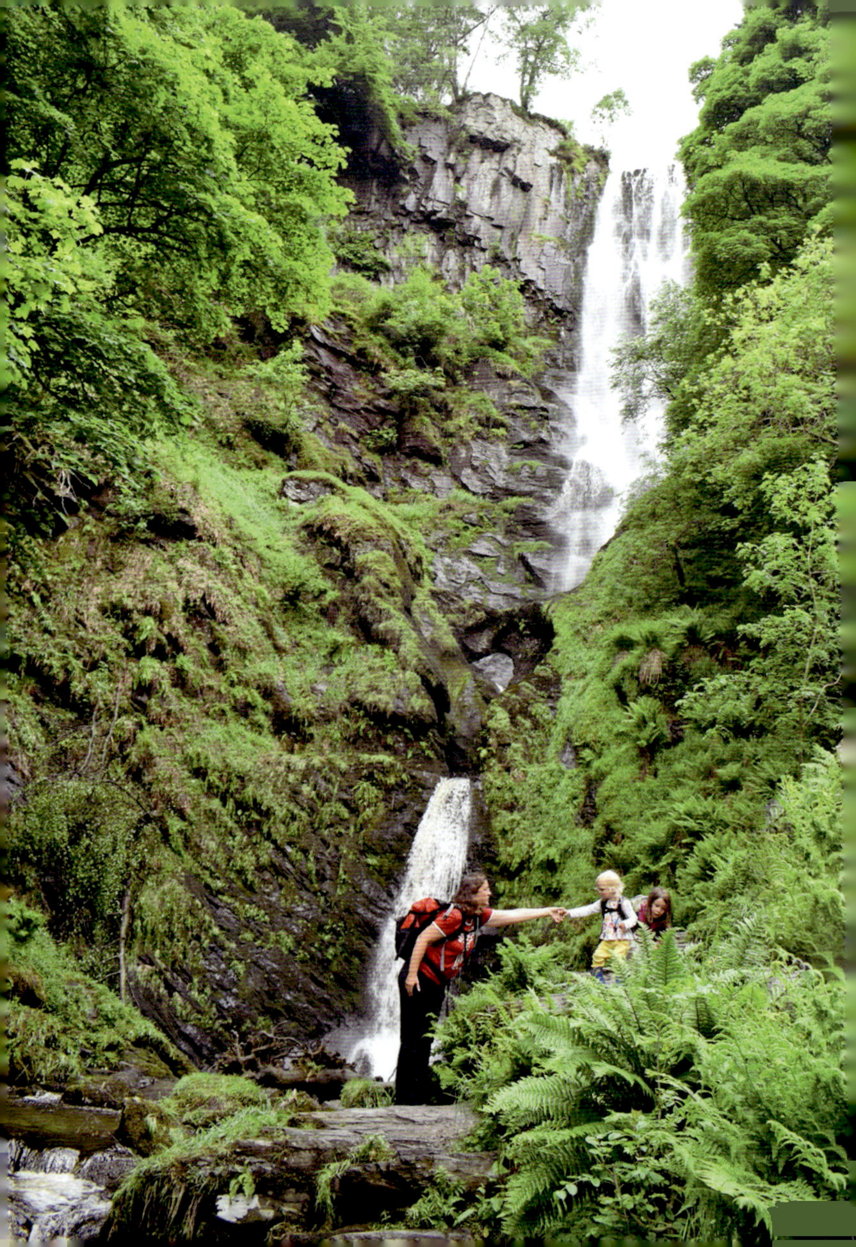

Wasserfallerkundung

Manch ein lustiges Bächlein verlässt an einem Felsen sein gewohntes Bett und stürzt sich in die Tiefe. An einem solchen Wasserfall lassen sich großartige Abenteuer erleben.

Aus sicherer Entfernung könnt ihr erkunden, von wo der Bach angeflossen kommt, bevor er sich ins Tal stürzt. Teilt er sich in viele kleine Wasserfälle auf? Fällt er im freien Fall oder in Kaskaden (Stufen)? Fließt er sofort munter weiter oder hat sich eine Gumpe (Becken) gebildet, in der sich das Wasser sammelt?

Um die Fließ- und Fallgeschwindigkeit herauszufinden, stellt ihr euch oben und unten auf. Oben werft ihr etwas Auffälliges ins Wasser und gebt dem unteren Team das Startsignal. Sobald sie es unten sehen, melden sie es. Nehmt bitte nur Naturmaterialien wie Stöckchen, Blätter oder Zapfen, denn ihr wisst ja nicht, ob ihr es unten auch wieder herausfischen könnt.

Nun traut ihr euch näher an den Wasserfall. Vielleicht kommt ihr so nah heran, dass ihr in das fallende Wasser greifen könnt. Schaut genau hin: Einige Wasserfälle laufen nicht direkt am Fels entlang in die Tiefe, sondern in einigem Abstand. Vielleicht ist sogar so viel Platz, dass ihr hinter den Wasserfall gehen könnt. Bei manchen Wasserfällen ist es möglich, über die Kaskaden dem Wasser entgegenzuklettern und unten in der Gumpe zu baden.

- 🟢 an der Hand eines Erwachsenen in den Wasserfall greifen
- 🟡 hinter den Wasserfall klettern
- 🔴 dem Wasserfall entgegenklettern

Abenteuerlustige: alle in der Familie, die trittsicher sind
Zeit: wenige Minuten bis mehrere Stunden
Ausrüstung: Wechselkleidung, Handtuch
Tipps & Tricks: Nicht erschrecken, auch an heißen Tagen ist das Wasser sehr kalt.
Vorsicht: Es besteht Ausrutschgefahr durch die Nässe und Verletzungsgefahr beim Klettern, denn das herabstürzende Wasser hat ziemlich viel Kraft.
Ideen für das nächste Abenteuer: Bachwanderung, Canyoning, Coasteering

Wildschwimmen

Euer Freibad sieht bei jedem Besuch gleich aus und wird langweilig? Dann ist Wildschwimmen das Richtige für euch. Jeder Badetag ist einmalig, sogar wenn ihr jeden Tag im selben See oder am selben Strandabschnitt schwimmt. Mal ist das Wasser trüb, mal klar. Manchmal seht ihr Wassertiere. Die Wassertemperatur ändert sich von Tag zu Tag.

Selbst Städter können dieses Abenteuer ohne weite Wege erleben in den meisten Großstädten gibt es Naturfreibäder, das sind Badeseen ohne Chlorwasser, bei denen ihr Eintritt bezahlt und dafür auch eine Badeaufsicht, Toiletten und Imbiss vor Ort sind. Leider sind Hunde dort meist verboten.

Wilder ist es an einem Badesee oder am Meer. Hier bedarf es einer gewissen Vorbereitung: Ist das Baden überhaupt erlaubt? Müsst ihr Ebbe und Flut beachten? Sogar in Flüssen können Familien ungefährdet baden, wenn diese ganz langsam fließen oder gestaut sind.

Vor Ort schaut ihr euch das Gewässer genau an und sucht euch einen guten Platz, um ins Wasser zu gehen. Dabei meidet ihr Schilf, in dem Vögel brüten könnten, und Laichgebiete von Fischen und Fröschen. Nun kann es losgehen. Genießt das warme Wasser direkt am Ufer, erfrischt euch an den kälteren Stellen, beobachtet Wasservögel und fotografiert Fische, die mit euch schwimmen.

☺ in einem Naturfreibad
☺ im Meer bei Windstille oder in einem See
☺ in einem gestauten Fluss oder im Meer bei Wind

Abenteuerlustige: alle in der Familie, die gerne und gut schwimmen können
Zeit: wenige Minuten bis mehrere Stunden
Ausrüstung: Badesachen, Schwimmbrille, vielleicht auch Schnorchel, Badeschuhe und wasserfeste Kamera
Tipps & Tricks: Mit einer Schwimmboje werdet ihr besser gesehen, bei einem Krampf könnt ihr euch daran festhalten.
Vorsicht: Keinesfalls in einem großen Fluss oder in einem Strom schwimmen. Der Sog der vorbeifahrenden Schiffe, die starke Strömung und Strudel bringen sogar gute Schwimmer in Lebensgefahr.
Ideen für das nächste Abenteuer: Inselumrundung, Stand-up-Paddling

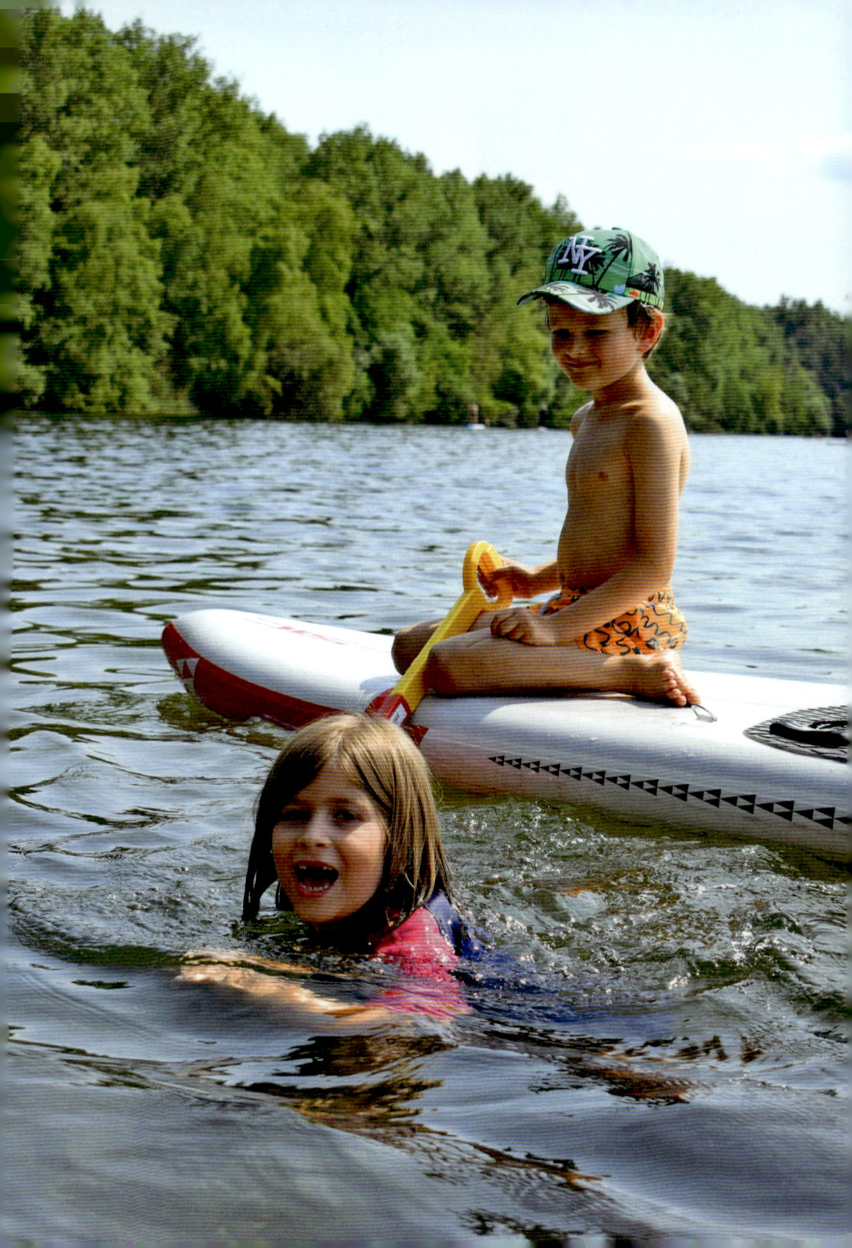
NY

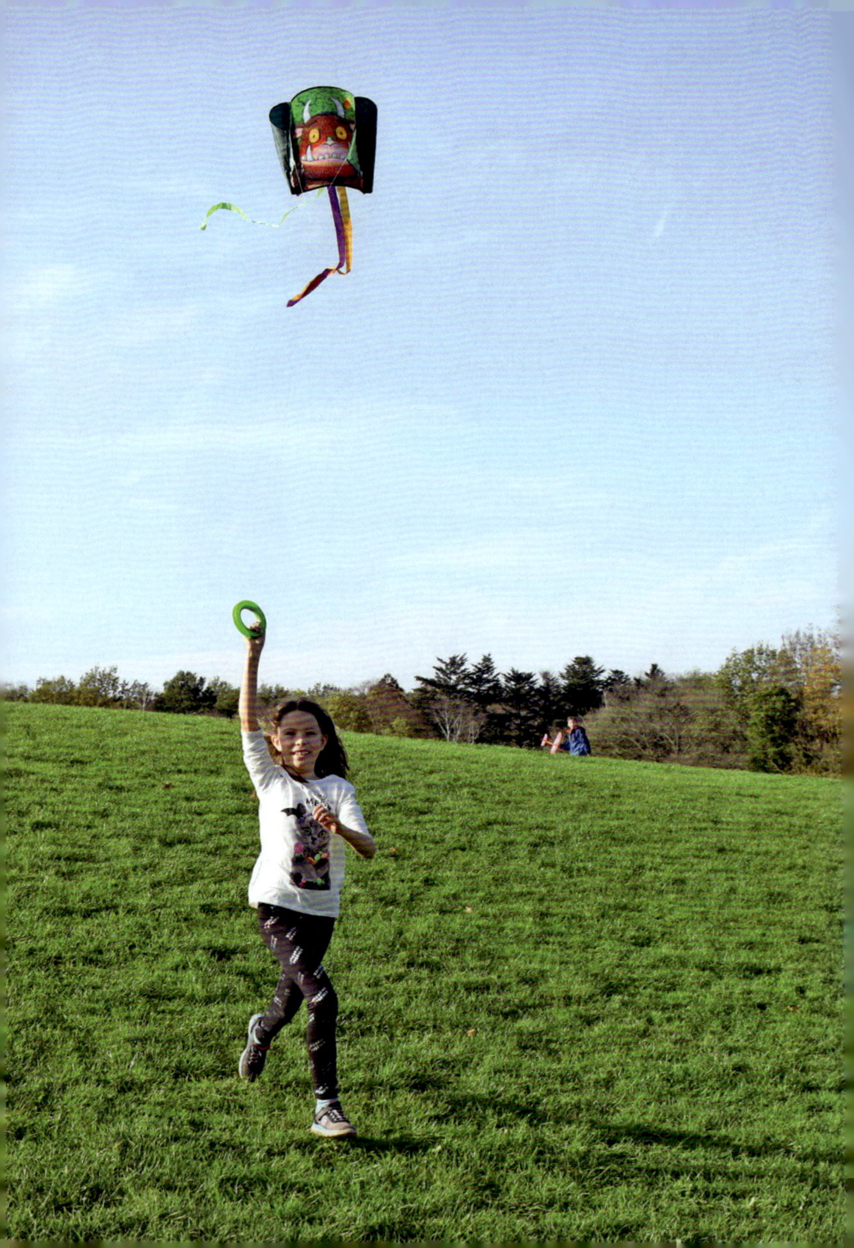

In der Luft

Drachen steigen lassen

Wenn der Sommer geht, kommt der Herbst mit seinen erfrischenden Winden. Endlich könnt ihr eure Drachen steigen lassen. Unglaublich, mit welcher Kraft der Wind den Drachen in die Lüfte trägt!

Vergesst alle Bilder, auf denen alle vor dem Drachen herrennen und am Ende vollkommen erschöpft zusammenbrechen. Es kommt nicht darauf an, dem Wind mit hängender Zunge hinterherzulaufen, sondern geduldig auf den nächsten guten Luftzug zu warten. Je hektischer an dem Drachen herumgezerrt wird, desto sicherer stürzt er ab.

Zunächst beschafft oder bastelt ihr euch einen Drachen. Dann sucht ihr euch ein geeignetes Startgebiet. Das kann eine große Wiese, ein abgeerntetes Feld (mit Erlaubnis des Bauern!) oder ein Strand am Meer sein. Hauptsache, ihr kommt keinem Verkehrsweg und keiner Stromleitung zu nahe.

Am leichtesten geht es zu zweit, dann könnt ihr euch einige Meter voneinander entfernt mit Drachen und Drachenschnurspule hinstellen. Den Drachen hebt ihr über den Kopf und wartet auf einen kleinen Windstoß, der ihn anhebt. Nun kommt Zug auf die Schnur und ihr könnt den Drachen in die Höhe steigen lassen.

Hängt die Schnur zu locker, strafft ihr sie etwas. Zieht der Drachen kräftig, gebt ihr ihm mehr Schnur.

- Euer Drachen steigt in die Luft.
- Euer Drachen bleibt (!) in der Luft.
- Ihr könnt einen Lenkdrachen kontrollieren.

Abenteuerlustige: etwa ab 3-4 Jahre
Zeit: eine bis mehrere Stunden
Ausrüstung: Drachen, Ersatzschnur
Tipps & Tricks: Beginnt mit einfachen und kleinen Drachenmodellen. Wenn ihr diese sicher halten könnt, versucht es mit Lenkdrachen oder größeren Drachen.
Vorsicht: Niemals bei Gewitter einen Drachen steigen lassen! Die Gesetze schreiben 3 km Abstand zum nächsten Flugplatz, 6 km zu Flughäfen und 600 m zu Straßen, Bahnstrecken und Stromleitungen vor. In Natur- und Vogelschutzgebieten sind Drachen verboten. Ferner dürfen die Drachenleinen nicht länger als 100 m sein.
Ideen für das nächste Abenteuer: Wandern, Geocaching, Sternegucken

Sternegucken

Für dieses Abenteuer braucht ihr eine wolkenlose Nacht und einen Ort, an dem ihr möglichst viel vom Himmel sehen könnt. Das kann der Balkon sein, schöner ist eine Wiese, auf der ihr euch auf eine Picknickdecke legt. Je dunkler eure Umgebung ist, desto mehr Sterne könnt ihr sehen. Es gibt sogar extra Sternenparks und Lichtschutzgebiete mit besonders wenig Lichtverschmutzung.

Wenn ihr nun eure Augen an die Dunkelheit gewöhnt habt, schaut ihr euch den Himmel genau an. Den Mond können schon Windelkinder entdecken und benennen. Aber wisst ihr, ob Vollmond, Neumond, abnehmender oder zunehmender Mond ist?

Nun entdeckt ihr den Großen Wagen. Vom Großen Wagen verlängert ihr 5 x das „Heck" – und schon seid ihr am Nordstern. Der heißt auch Polaris oder Polarstern, ist das Ende der Deichsel vom Kleinen Wagen und – das ist das Spannendste – er steht immer genau im Norden.

Euer geübtes Auge findet nun die Milchstraße. An ihrem Rand entdeckt ihr Orion: in der Mitte des Sternbildes seht ihr drei Sterne in einer Reihe ganz nah zusammen. Ein geschulter Erwachsener oder ein Nachschlagewerk hilft bei den zwölf Sternzeichen und vielen anderen Sternbildern. Mit etwas Glück kreuzt ein Satellit oder eine Sternschnuppe (Tipp: August!) den Nachthimmel.

Wer es nicht so sachlich mag, träumt einfach davon, auf dem Mond spazieren zu gehen, in einer Rakete zu Beteigeuze zu fliegen oder den Kleinen Prinzen mit seiner Rose zu besuchen.

- 🟢 Ihr findet den Mond.
- 🟡 Ihr findet den Großen Wagen und den Nordstern.
- 🔴 Ihr findet die fünf Sternbilder und die Milchstraße.

Abenteuerlustige: alle in der Familie
Zeit: wenige Minuten bis eine Stunde
Ausrüstung: Fernglas und warme Kleidung
Tipps & Tricks: Für Smartphones gibt es sehr gute Sternenhimmel-Apps. Analog helfen Bücher mit Sternbildern und drehbare Weltsternenkarten weiter.
Ideen für das nächste Abenteuer: Nachtcachen, Sonnenaufgang erleben

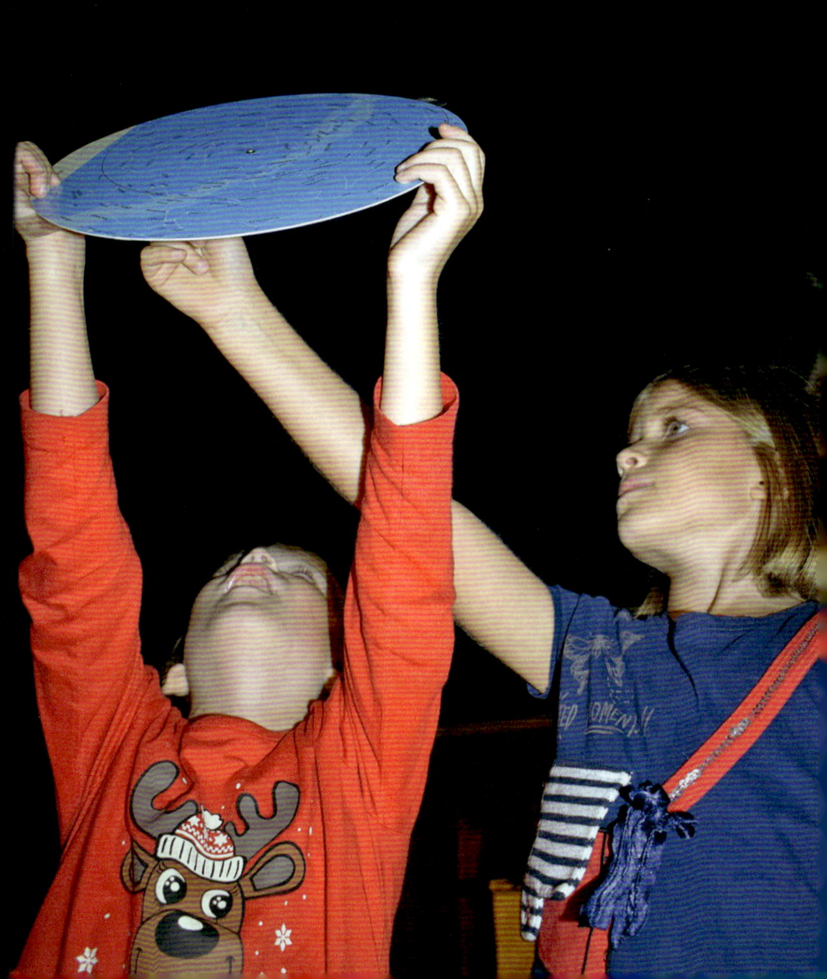

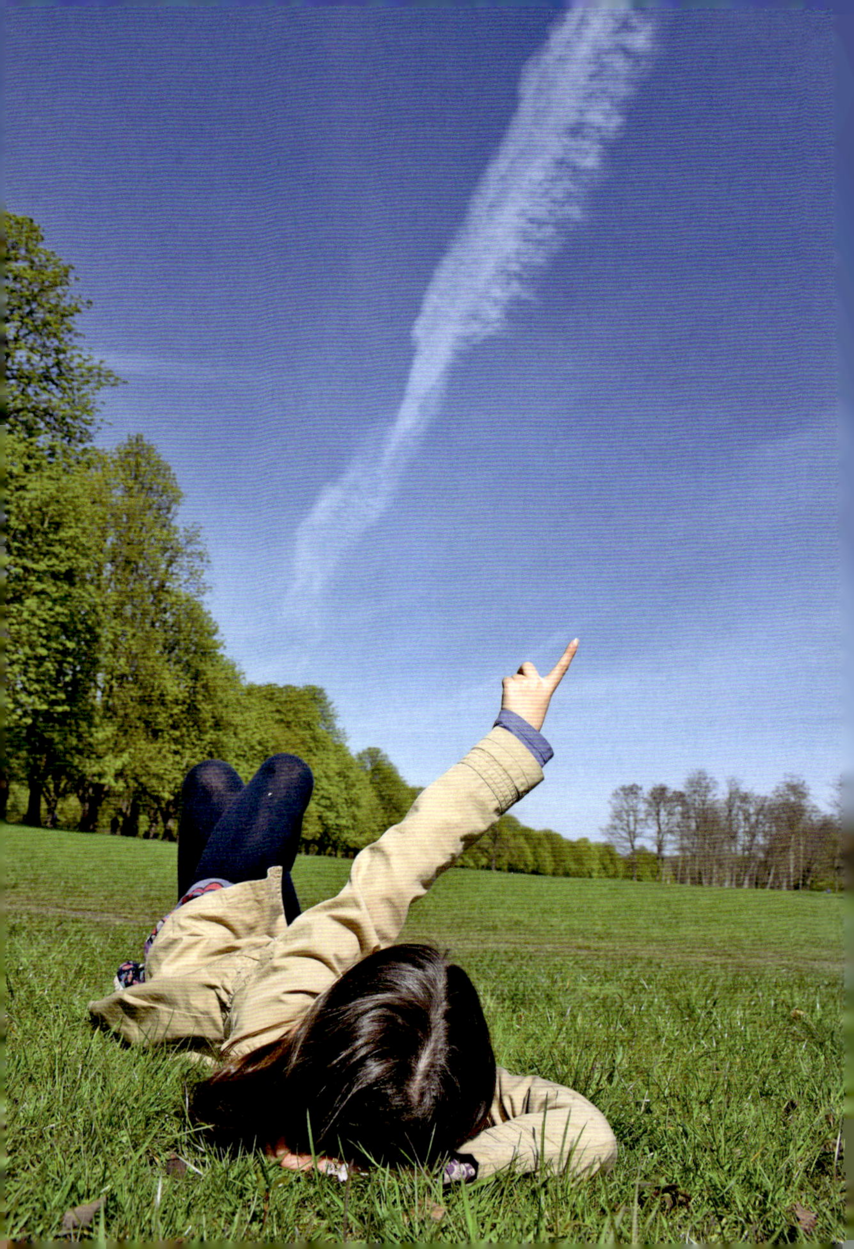

Wolkengucken

Heute ist der Himmel nicht strahlend blau? Prima! Legt eure Köpfe in den Nacken oder streckt euch auf einer Wiese aus und schaut den Wolken zu. Gleiten sie langsam am Himmel entlang oder pustet der Wind sie ruckzuck an euch vorbei?

Wolkengucken kann entschleunigend und entspannend sein – oder aber spannend und aufregend! Bestimmt sprecht ihr über die Formen der Wolken, die wie Schafe, Fische, Schlangen, Blüten oder Rüben aussehen. Bilden sich am Rand einer Wolke einzelne helle Sonnenstrahlen? Seht ihr Kondenzstreifen? Erzeugt die Sonne vor dunklen Regenwolken einen Regenbogen?

Die wichtigsten Wolken für Outdoorer und ihre Höhen:

5-13 km: Zirruswolken oder Federwolken sehen aus wie große weiße Federn. Bilden sie kleine Knubbel, heißen sie Zirrokumuli und können Vorboten eines Gewitters sein. Zirrostratuswolken oder Schleierwolken wirken wie lange, durchscheinende Schleier und bringen in den nächsten drei Tagen Regen.

2-7 km: Altokumuli oder Schäfchenwolken sehen wie Wellen oder Schäfchen aus und verheißen stabiles Wetter. Nur wenn sie Türmchen bilden, gehören Regensachen ins Gepäck. Die grauen Altostratuswolken versperren den Blick auf die Sonne und bringen kräftigen Regen- oder Schneefall.

Bis 2 km: Stratokumuli sind Haufenschichtwolken, die Regen bringen. Die kleinen sind weiß, die großen unten bedrohlich grau. Sie können mit Schäfchenwolken verwechselt werden. Stratuswolken nennt man die dicke graue Wolkenschicht, die mitunter für tagelangen Regen sorgt.

Für Outdoor-Touren sind noch die Kumulonimben wichtig, das sind riesige Wolkentürme, die bis zu 10 km hoch werden können und sehr viel Wasser enthalten. Wo sie zu sehen sind, gibt es bald ein Gewitter.

- einfach nur ansehen und genießen
- Wolkenformen raten
- das Wetter vorhersagen

Abenteuerlustige: alle in der Familie
Zeit: wenige Minuten
Ausrüstung: vielleicht eine Picknickdecke, um gemütlicher zu liegen
Tipps & Tricks: Es gibt gute Bestimmungsbücher und Apps, in denen ihr sehen könnt, was die Wolken über das Wetter der nächsten Stunden aussagen.
Vorsicht: Besonders im Gebirge solltet ihr die Warnungen der Wolken ernst nehmen.
Ideen für das nächste Abenteuer: Sternegucken, Drachensteigen

Im Gebirge

Hängebrücke

Bei jedem Schritt schwingt sie mit: die Hängebrücke. Manche Menschen lieben es, andere bekommen weiche Knie. Also sind Hängebrücken genau das Richtige für ein Mikroabenteuer. Hier könnt ihr vollkommen ungefährdet eure Komfortzone verlassen und euren Mut trainieren.

Etwas Ortskunde oder Internetrecherche helfen euch dabei, eine Hängebrücke in eurer Nähe zu finden. Das kann sogar auf dem Spielplatz um die Ecke sein, wenn ihr euch dort bisher noch nicht hinübergewagt habt. Auch schon in Mittelgebirgen gibt es an Wanderwegen interessante Hängebrücken, die kleinere Bäche überspannen.

Die Mutigen unter euch genießen den Ausblick ins Tal und das lustige Schaukeln. Damit den anderen die Knie nicht allzu weich werden, können folgende Tipps helfen: Wartet, bis sich die Hängebrücke wieder beruhigt hat, nachdem die letzte Person hinübergegangen ist, und betretet die Hängebrücke nur mit jemandem, der Ruhe ausstrahlt. Schaut nicht nach unten, sondern zum anderen Ende der Hängebrücke oder auf den Rücken der Person vor euch. Haltet euch an einem oder – wenn die Arme lang genug sind – an beiden Geländern fest. Lenkt euch durch Gespräche ab. Nehmt einen Erwachsenen an die Hand. Ruhig und gleichmäßig gehen, denn wenn ihr zu schnell geht oder gar rennt, wird das Schaukeln der Brücke schlimmer.

- ☻ kurze Hängebrücke an der Hand eines Erwachsenen
- ☻ kurze Hängebrücke ohne Hilfe
- ☻ lange Hängebrücke

Abenteuerlustige: alle in der Familie, die laufen können
Zeit: wenige Minuten
Ausrüstung: keine
Tipps & Tricks: Auf 💻 www.haengebruecken.com findet ihr faszinierende Fußgängerhängebrücken im deutschsprachigen Raum zwischen 24 und 494 m Spannweite und zwischen 2 und 400 m Höhe.
Vorsicht: Bitte nicht bei Sturm betreten!
Ideen für das nächste Abenteuer: durch eine Klamm wandern

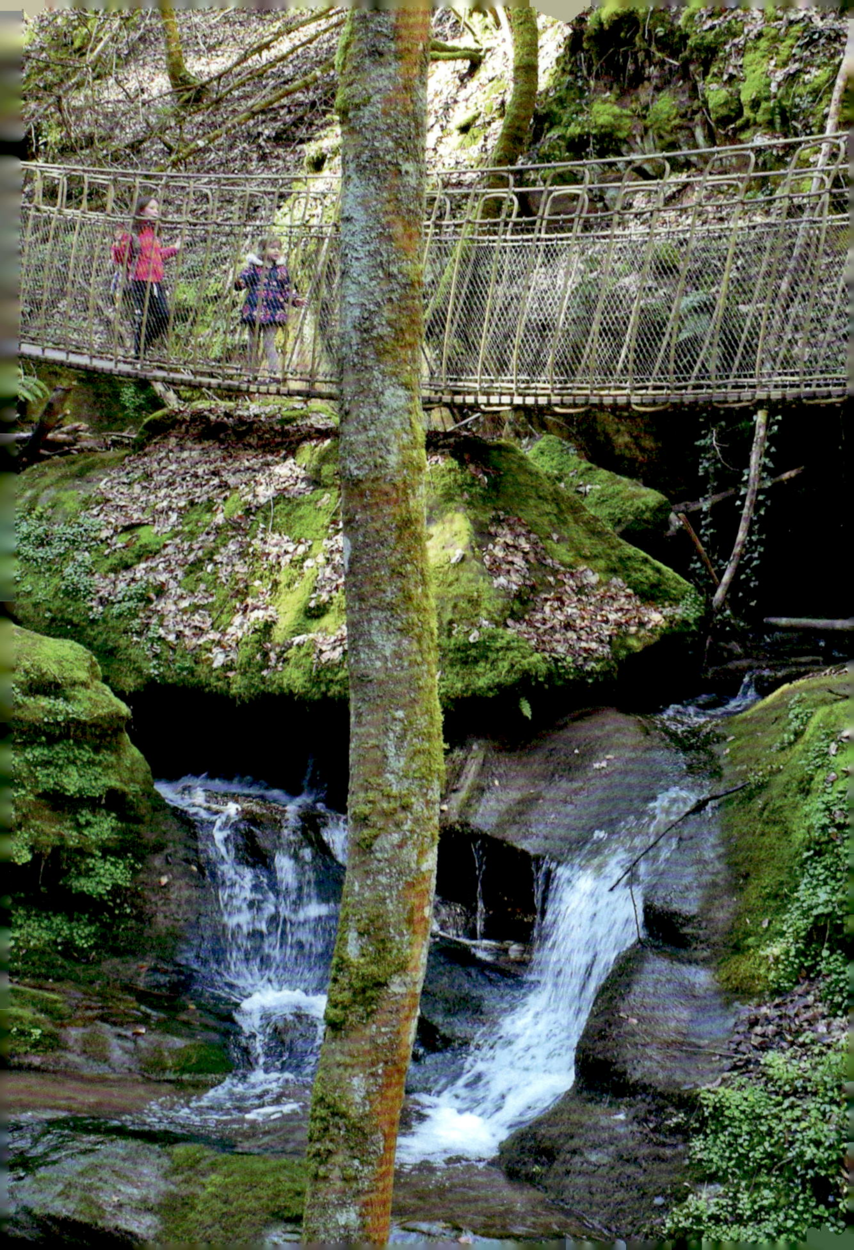

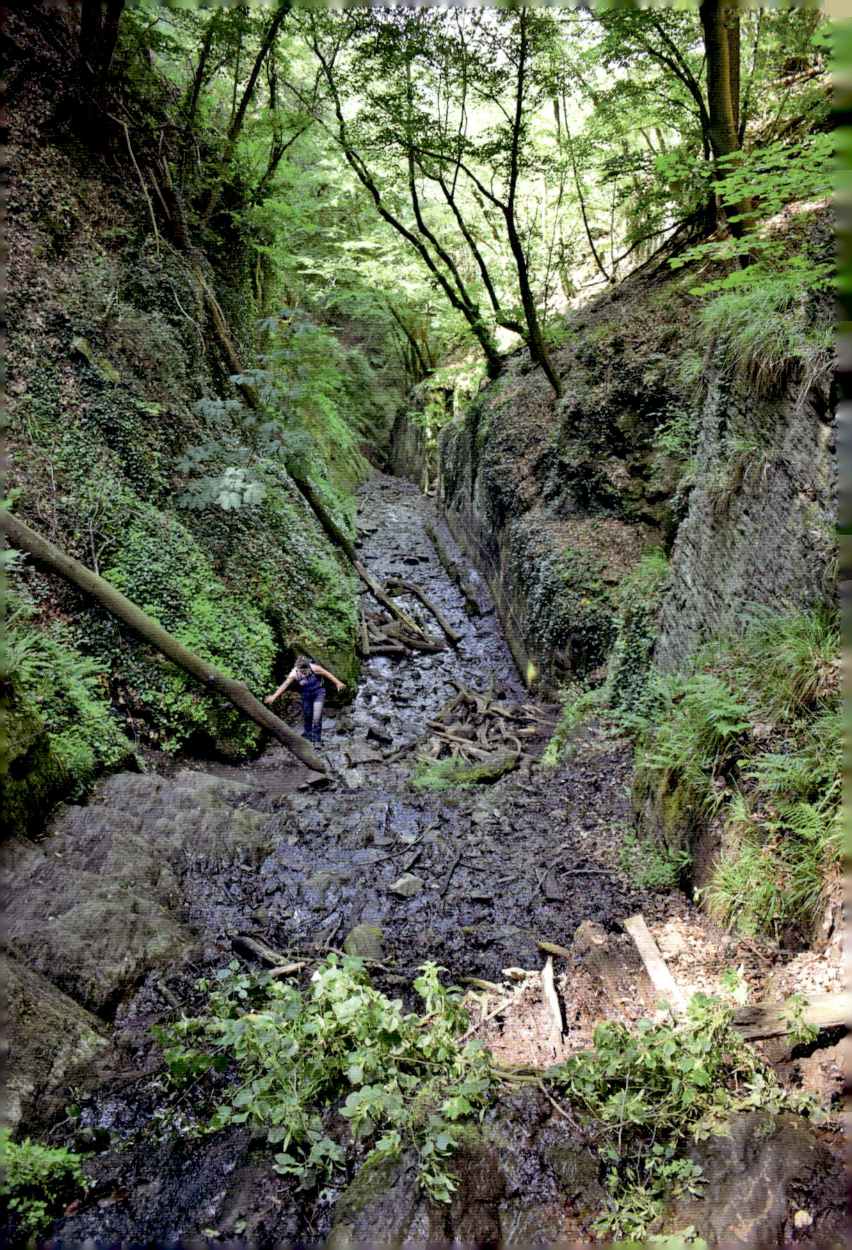

Klammwanderung

Wenn es für eine Bergwanderung zu heiß ist, verlegt ihr eure Wanderung ins Kühle. Perfekt dafür ist eine Klamm, in der es schattig und kühl ist.

Ein schmales Tal mit hohen Felswänden wird Schlucht genannt. Wenn in einer Schlucht der gesamte Talgrund von einem Bach oder Fluss eingenommen wird, nennt man sie Klamm. Diese Trennung wird vielerorts nicht ganz eng gesehen, deshalb könnte die Überschrift auch „Schluchtenwanderung" lauten. In beiden erwarten euch hohe Felswände, zwischen denen es wegen der ständigen Schattenlage kühl und feucht ist. Dazu kommen manchmal Wasserfälle, Kaskaden, Wasservorhänge, Gischt und bizarre Felsformationen.

Im Idealfall teilt ihr euch die Klamm mit dem Bach oder Fluss, indem ihr auf trockenen Wegen neben ihnen wandert. In langen Trockenperioden ist der Bach oder Fluss fast ausgetrocknet und die Klamm verliert etwas an Reiz. Hat es vorher viel geregnet, ist eine Klamm unpassierbar.

Abenteuerlich angelegte Pfade und Steige führen durch die Klamm: Holztreppen, in den Fels gehauene Stufen, Hängebrücken und Stege. Geländer und Sicherungsseile geben euch das Gefühl, auf einem Klettersteig unterwegs zu sein. Es gibt sogar Klammen, bei denen ein Teil des Wegs durch das Wasser führt oder die nur mit dem Boot erreichbar sind.

- 🙂 (grün) einfacher Klammwanderweg
- 🙂 (gelb) mit Treppensteigen und Klettern
- 🙂 (rot) mit nassen Füßen

Abenteuerlustige: alle in der Familie, die trittsicher sind

Zeit: wenige Minuten bis mehrere Stunden

Ausrüstung: feste und rutschfeste Schuhe, die nass werden können, robuste Kleidung, Jacke

Tipps & Tricks: Eine gute Auswahl der Klamm ist entscheidend. Prüft genau, ob die Klamm begehbar ist. Viele schließen im Winter und bauen sogar die Steige ab.

Vorsicht: Nehmt Sperrungen ernst, im Winter drohen Eisbruch und Steinschlag, im Frühjahr reißende Wassermassen.

Ideen für das nächste Abenteuer: Bachwanderung, Wasserfallerkundung

Schneebauwerke und Schneekunst

Wer sagt denn, dass ein Schneemann immer aus einer dicken Pokugel, einer mittelgroßen Bauchkugel, einer kleinen Kopfkugel, einer Möhrennase und Zweigarmen bestehen muss?

Beim nächsten Winterurlaub (oder wenn ihr das Glück habt, in einer Gegend zu wohnen, in der manchmal Schnee fällt) könnt ihr viel kreativer werden! So ein Schneemann ist auch nur ein Mensch und wünscht sich eine Schneefrau, Schneekinder und einen Schneehund. Er freut sich über Laub- oder Grashaare, eine warme Mütze, einen Schal und Knöpfe am Bauch.

Etwas mehr Zeit benötigt ihr für ein Iglu. Bei sehr hohem, festem Schnee könnt ihr dafür mit einem Fuchsschwanz Würfel aus dem Schnee sägen und akkurat hochmauern. In der Mitte nähern sie sich aneinander an und stützen sich gegenseitig. Ist euch das zu gefährlich, baut ihr einen Mauerring ohne Dach, er eignet sich gut als Windschutz für ein Winterpicknick oder als Deckung bei einer Schneeballschlacht. Bei niedrigerer Schneehöhe könnt ihr ein Waldtipi aus Holz als Basis nehmen und mit Schnee „verputzen". Oder ihr rollt Schneekugeln und vermauert sie.

Habt ihr schon einmal einen Schneeengel in den Neuschnee gemalt? Einfach mit dem Rücken in den Schnee legen und die Arme auf und ab bewegen. Als Familie könnt ihr euch auch an ein Schneemandala wagen. Dabei setzt ihr immer Fuß vor Fuß und tretet so ein Muster aus Linien, Kreisen oder komplizierteren Mustern in den Schnee.

- ein hübscher Schneemann oder ein Schneeengel
- eine Schneefamilie oder ein nicht überdachtes Schneebauwerk
- ein Iglu oder ein Schneemandala

Abenteuerlustige: alle in der Familie
Zeit: wenige Minuten bis mehrere Tage
Ausrüstung: warme Kleidung, besonders Handschuhe, an denen der Schnee nicht kleben bleibt
Tipps & Tricks: Frischer Schnee ist häufig noch zu pulvrig zum Bauen.
Vorsicht: Bitte lasst euch bei einem Iglu von Erwachsenen helfen.
Ideen für das nächste Abenteuer: Schneeschuhwanderung

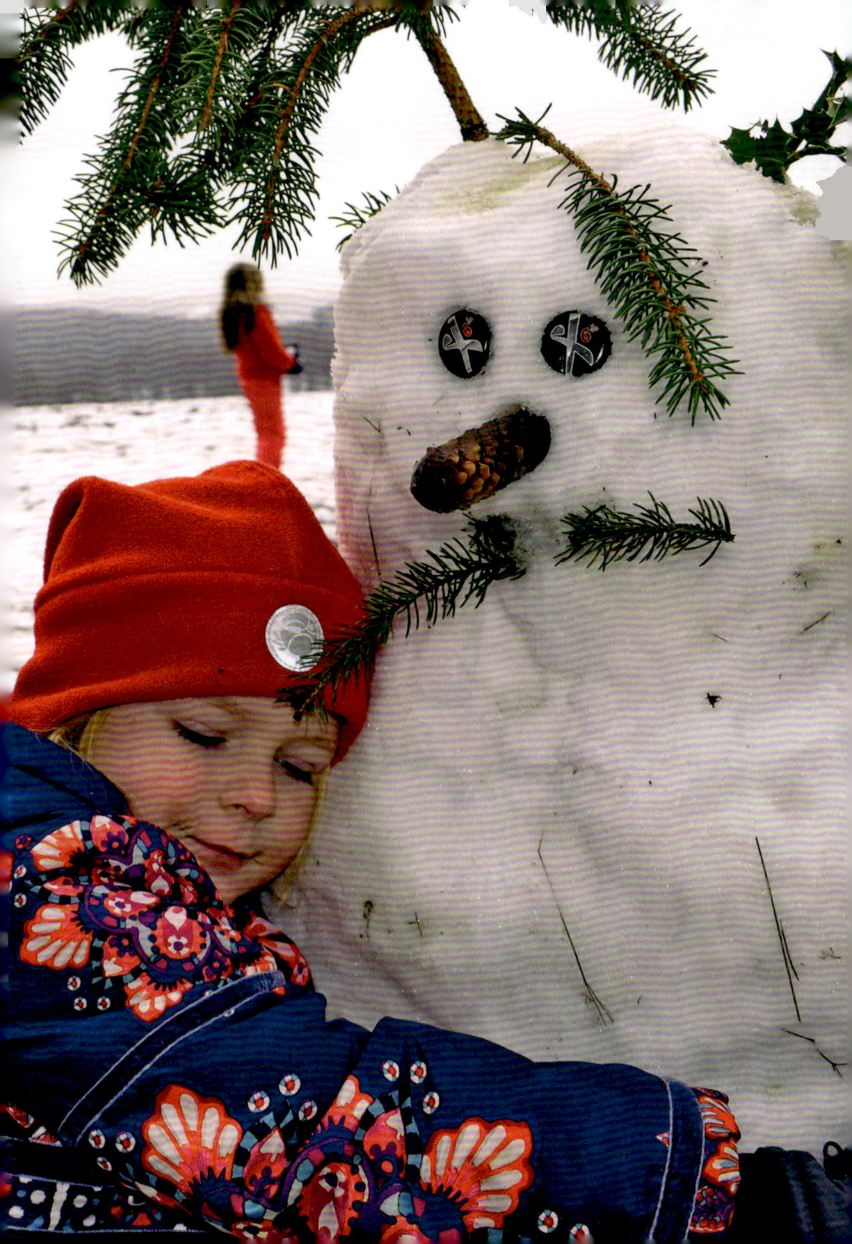

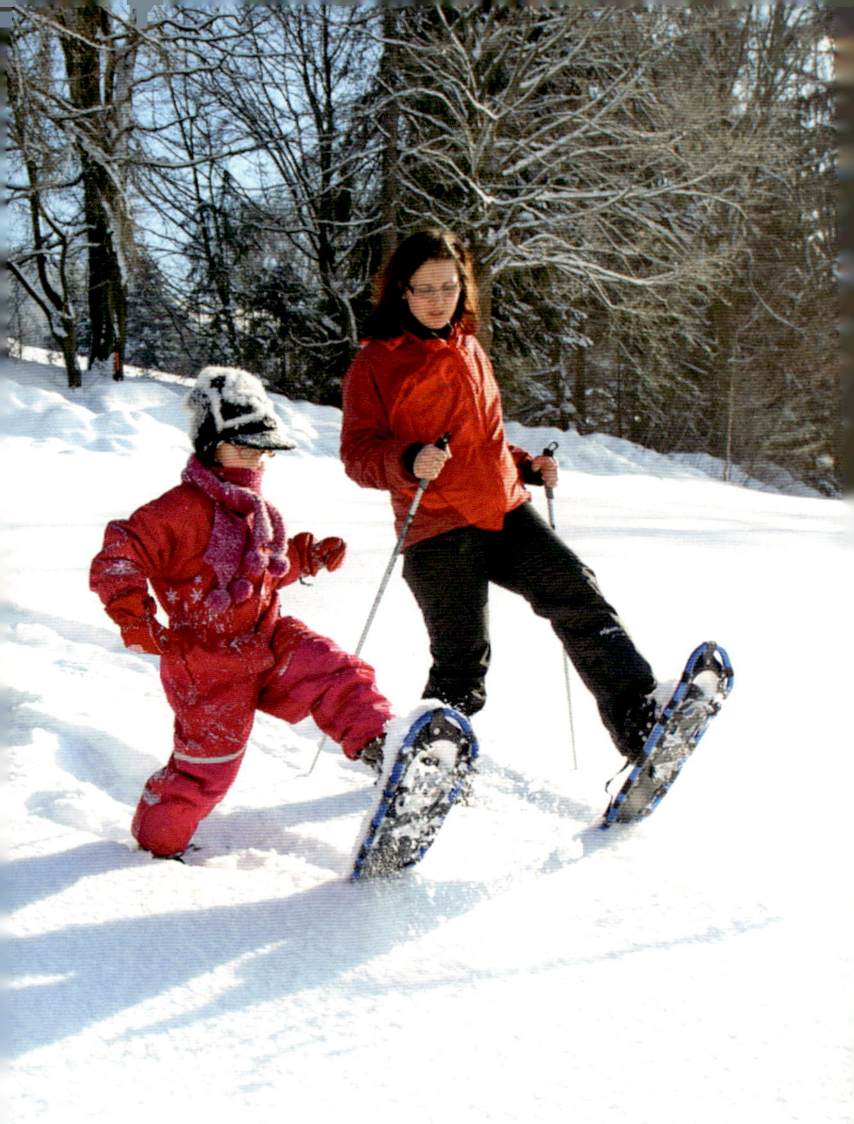

© Kristina Diezinger

Schnee(schuh)wanderung

Eine Schneeschuhwanderung durch unberührten Schnee werdet ihr nie vergessen. Das ist eines der besten Mikroabenteuer, die ihr im Winter erleben könnt.

Habt ihr schon einmal versucht, im Schnee zu wandern? Das ist gar nicht so einfach, denn in tiefem, weichem Schnee sinkt ihr so stark ein, dass ihr kaum laufen könnt. Das ist mit Schneeschuhen ganz anders: Euer Gewicht wird gleichmäßig auf die größere Fläche verteilt und ihr sinkt nicht mehr ein.

Vorkenntnisse benötigt ihr nicht, nur einen Schneeschuhverleih, der euch Schneeschuhe gibt, die genau zu euch passen. Nach einigen Probeschritten wisst ihr, wie weit ihr die Füße auseinanderstellen müsst, um euch nicht selbst auf dem Schneeschuh zu stehen. Die Stöcke geben euch Halt, wenn ihr ins Schwanken kommt oder das Gelände steiler wird. Und schon kann es losgehen – auf einem speziellen Schneeschuhtrail, mit einem ortskundigen Guide oder als Familientour.

Abseits der überfüllten Pisten und Rodelhänge könnt ihr durch den Schnee wandern, ohne andere menschliche Spuren zu finden. Genießt das Glitzern der Eiskristalle in der Sonne, das Knirschen des Schnees unter euren Füßen und das Gefühl der Wildheit dieser unberührten Natur. Vielleicht entdeckt ihr auch Tierfährten im Schnee.

- eine kleine Proberunde
- eine geführte Tour
- eine Familientour durch unberührten Schnee

Abenteuerlustige: alle in der Familie, die gerne laufen
Zeit: eine Stunde oder mehr
Ausrüstung: Schneeschuhe, Skistöcke, feste Winterschuhe, Winterkleidung im Zwiebelprinzip, Proviant
Tipps & Tricks: Neuerdings werden in vielen Wintersportgebieten nicht nur Loipen, sondern auch spezielle Winterwanderwege gespurt. Auf ihnen könnt ihr auch ohne Schneeschuhe wandern.
Vorsicht: Geht nie allein. Kleine Kinder wegen der Sturzgefahr lieber im Schlitten oder Akia ziehen, als in der Trage/Kraxe tragen.
Ideen für das nächste Abenteuer: Rodeln, Schneefamilie bauen

Sonnenaufgang erleben

Bestimmt kennt ihr einen schönen Aussichtspunkt, der in östliche Richtung weist oder einen Rundumblick hat. Schaut euch einmal bei Tageslicht den Weg dorthin an, dann wählt ihr einen Tag aus, für den die Wettervorhersage schon morgens Sonnenschein prognostiziert hat. Die meisten Wetter-Apps zeigen auch die genaue Zeit des Sonnenaufgangs an. Damit könnt ihr kalkulieren, wann der Wecker klingeln soll.

Schon das – im Sommer extrem frühe – Aufstehen kann zum Abenteuer werden. Am besten legt ihr schon am Abend alles zurecht, was ihr anziehen und mitnehmen wollt. Nun macht ihr euch auf den Weg zu eurem Aussichtspunkt. Mit Taschenlampen geht es durch den finsteren Wald, das ist nichts für Schreckhafte! Aber zum Glück kennt ihr den Weg ja schon von eurer Erkundungstour im Hellen.

Wenn ihr euer Ziel erreicht habt, zeigt sich vielleicht ein erster heller Streifen am Horizont. Nun macht ihr es euch gemütlich und wartet bei einer zünftigen Stulle oder einem wärmenden Porridge auf den Sonnenaufgang. Kalte Finger wärmt ihr an euren Tassen.

Dieses Mikroabenteuer ist nicht nur in den Bergen möglich, aber dort besonders schön. Für die Aussicht reicht auch ein Mittelgebirge, ein einzelner Hügel oder eine Düne.

- ☺ Sonnenaufgang vor der Haustüre
- ☺ kurzer Fußweg vom Haus/Auto bis zum Sonnenaufgang
- ☺ urige Taschenlampenwanderung zum Sonnenaufgang

Abenteuerlustige: alle in der Familie
Zeit: mehrere Stunden
Ausrüstung: warme Kleidung, Picknick, heißes Wasser für Tee, Kaffee, Kakao oder Porridge, Taschen- oder Stirnlampen, vielleicht auch Isolierkissen
Tipps & Tricks: Wer morgens nicht aus dem Bett kommt, kann an einem nach Westen ausgerichteten Aussichtspunkt auf den Sonnenuntergang warten und eine Taschenlampennachtwanderung zurück machen.
Vorsicht: Bei der Startzeit bitte auch die Dämmerung einrechnen.
Ideen für das nächste Abenteuer: Nachtwanderung, Gipfelglück

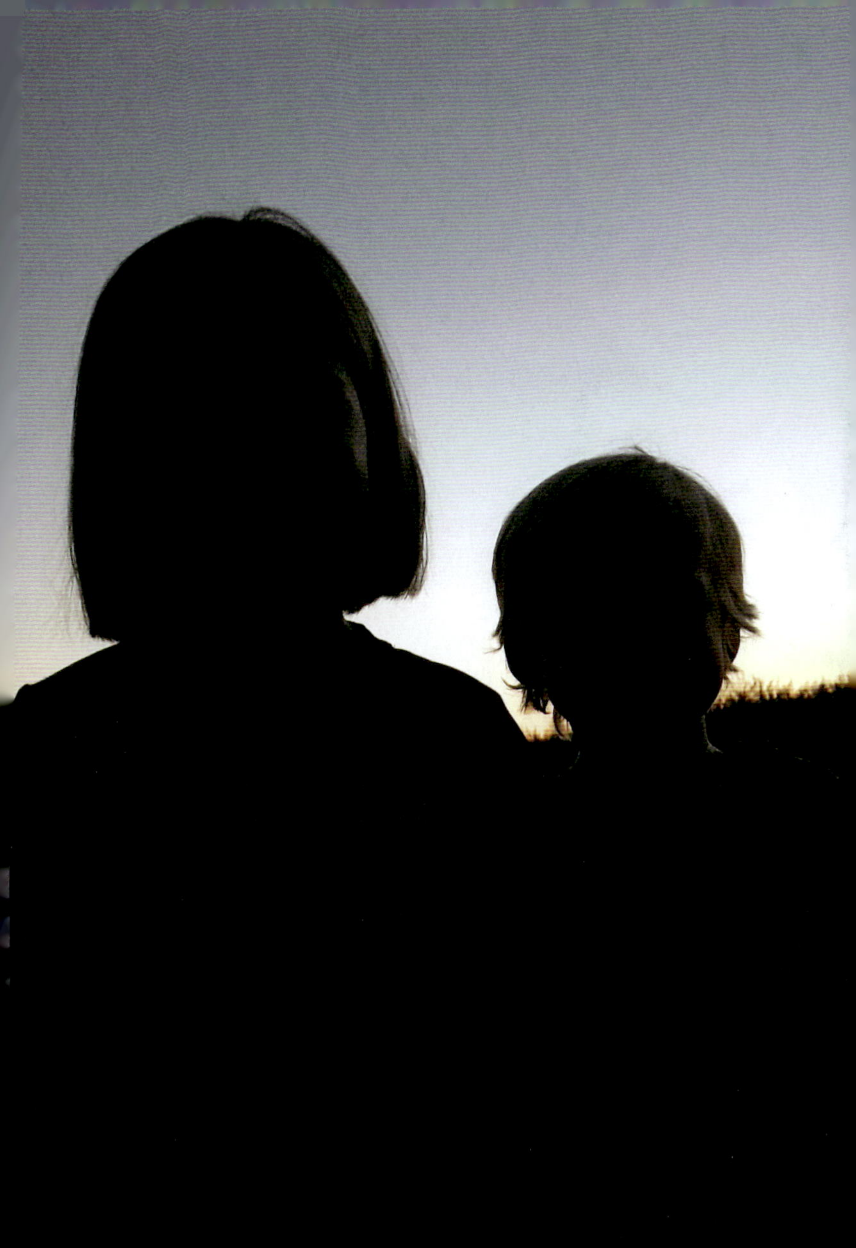

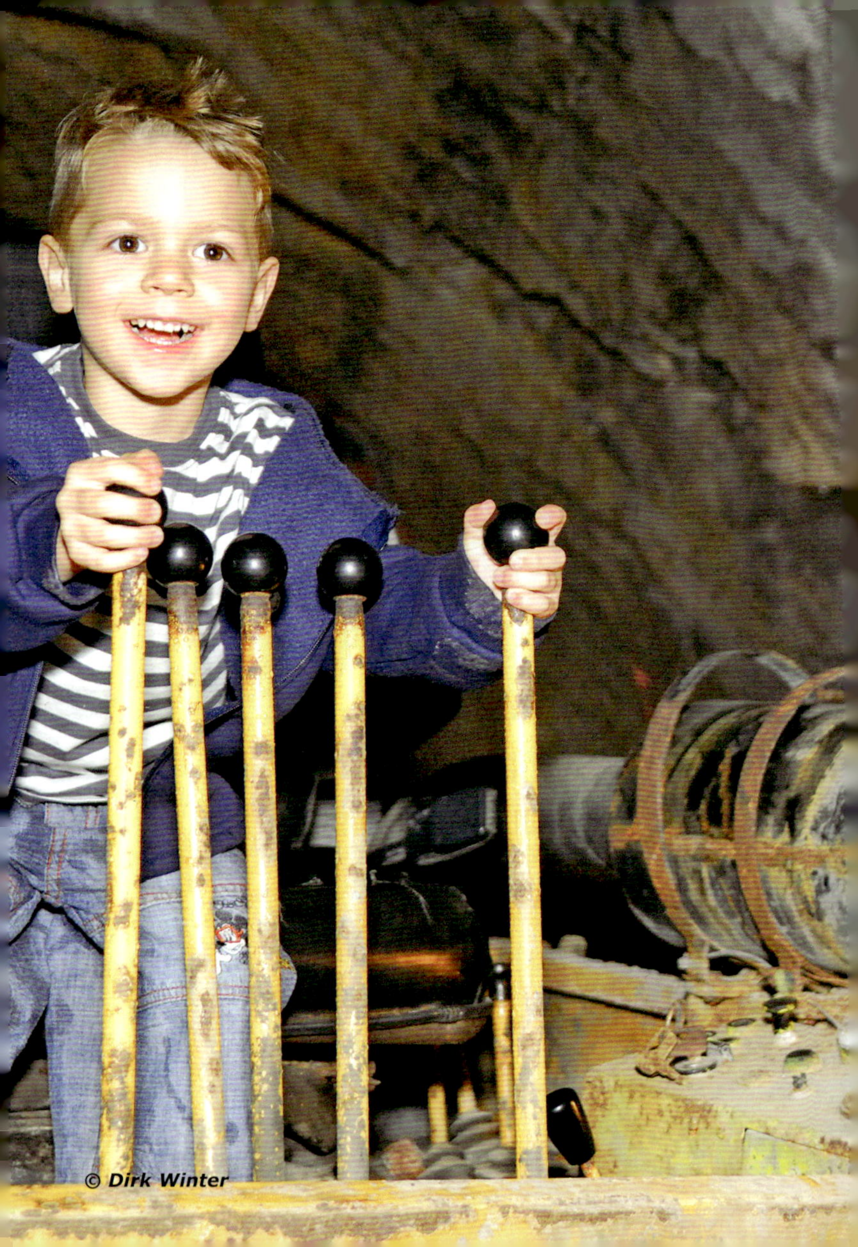
© Dirk Winter

Unter der Erde

Bergwerk besichtigen

In einem Besucherbergwerk könnt ihr zu Fuß eine Zeitreise machen, denn die meisten von ihnen wurden vor langer Zeit gebaut. In einem Bergwerk werden Bodenschätze aus der Erde geholt.

Das geht manchmal, indem die oberste Erdschicht abgetragen wird und dann das gewünschte Material im Tagebau ausgegraben wird, also „über Tage". Braunkohle wird auf diese Weise mit riesigen Schaufelradbaggern abgebaut.

Viel spannender ist ein Ausflug in ein Bergwerk, in dem etwas „unter Tage" abgebaut wurde. Das geht aus Sicherheitsgründen meist nur mit Führer und bei stillgelegten Bergwerken.

Erkundigt euch nach dem nächsten Bergwerk. Vielleicht wird es auch Grube oder Zeche genannt. Welcher Schatz versteckte sich dort im Boden? Für die Steinzeitmenschen war es Feuerstein, später suchte man nach Metallerzen. Vielleicht wurde ganz in eurer Nähe Eisen-, Kupfer-, Silber- oder sogar Golderz abgebaut. Auch Schiefer, Braunkohle, Steinkohle, Salz, Quarz und andere Materialien wurden unter Tage gewonnen. Im Bergwerk gibt es viel zu sehen und erfahren. Oder wusstet ihr bereits, warum am Bergwerkseingang immer eine kleine Heiligenfigur steht, was der Unterschied zwischen Lore und Hundt ist und wie die Bergleute unter Tage zur Toilette gingen?

- ☺ Schaufelradbagger von der Tagebaukante beobachten
- ☺ kurze Führung durch einen Besucherstollen
- ☺ Erlebnisführung mit Kriechstollen

Abenteuerlustige: alle in der Familie, mancherorts gibt es ein Mindestalter
Zeit: eine halbe bis zwei Stunden
Ausrüstung: warme Kleidung und feste Schuhe
Tipps & Tricks: Beim Start gibt es Helme und andere Schutzkleidung für alle Besucher. Wenn ihr lieber eure eigenen Helme tragen wollt, solltet ihr vorher um Erlaubnis fragen.
Vorsicht: Bitte unter Tage nichts anfassen, was euch nicht ausdrücklich erlaubt ist. Manche Substanzen sind trotz ihrer hübschen Farben giftig.
Ideen für das nächste Abenteuer: Höhle oder Bunker besichtigen

Ganz unten

Taucht hinab in die Unterwelt! In den meisten Städten – und auch auf dem Land – gibt es unterirdisch viele spannende Gebäudeteile oder Bauwerke zu erkunden. Das geht in den meisten Fällen nur im Rahmen einer fachkundigen Führung.

Von manchen Gebäuden ist oberirdisch gar nichts zu sehen, zum Beispiel von Luftschutzbunkern aus dem Zweiten Weltkrieg, Ausweichsitzen der Regierung aus der Zeit des Kalten Krieges oder atombombensicheren Ausweichkrankenhäusern. Der Anblick dieser Fluchtbunker erklärt den Schrecken des Krieges viel besser als jede Geschichtsstunde.

Ebenso gute Garanten für Gänsehautmomente sind Gruften und Krypten unter Kirchen, in denen Gräber und Sarkophage zu sehen sind. Burgverliese hatten zum Teil nur eine Klappe in der Decke, weil sie ohnehin niemand lebend verließ. Nicht weniger schaurig ist der Besuch einer unterirdischen Gladiatorenkammer unter einer römischen Arena. Es gibt aber auch weniger gruselige Touren, z. B. durch die Dienstbotengänge unter einem Schloss.

Für Technikinteressierte lohnt sich eine Sonderführung durch die unteren oder unterirdischen Teile von Bauwerken wie Staumauern, Brückenhohlkästen, U-Bahn-Tunneln oder Wasserwerken. Unvergesslich sind Führungen durch die städtische Kanalisation, aber nichts für empfindliche Nasen. Diesen schauen sich besser alte Eiskeller, Bierlagerstätten oder Weinkeller an.

☺ technisches oder historisches Thema
☺ gruseliges Thema
☺ Kriegsthemen

Abenteuerlustige: vielfach erst ab 8, 12 oder 14 Jahren empfohlen
Zeit: ein bis mehrere Stunden
Ausrüstung: feste Schuhe, robuste Kleidung, Kamera, Taschenlampe
Tipps & Tricks: Gegen Moder und andere fiese Gerüche helfen Pinimentolsalbe unter der Nase oder ein paar Tropfen Orangen- oder Zitronenöl auf der Mund-Nasen-Bedeckung.
Vorsicht: Bitte achtet bei Bunkern auf Stolperfallen und andere Verletzungsgefahren.
Ideen für das nächste Abenteuer: Lost Places, Besucherbergwerk

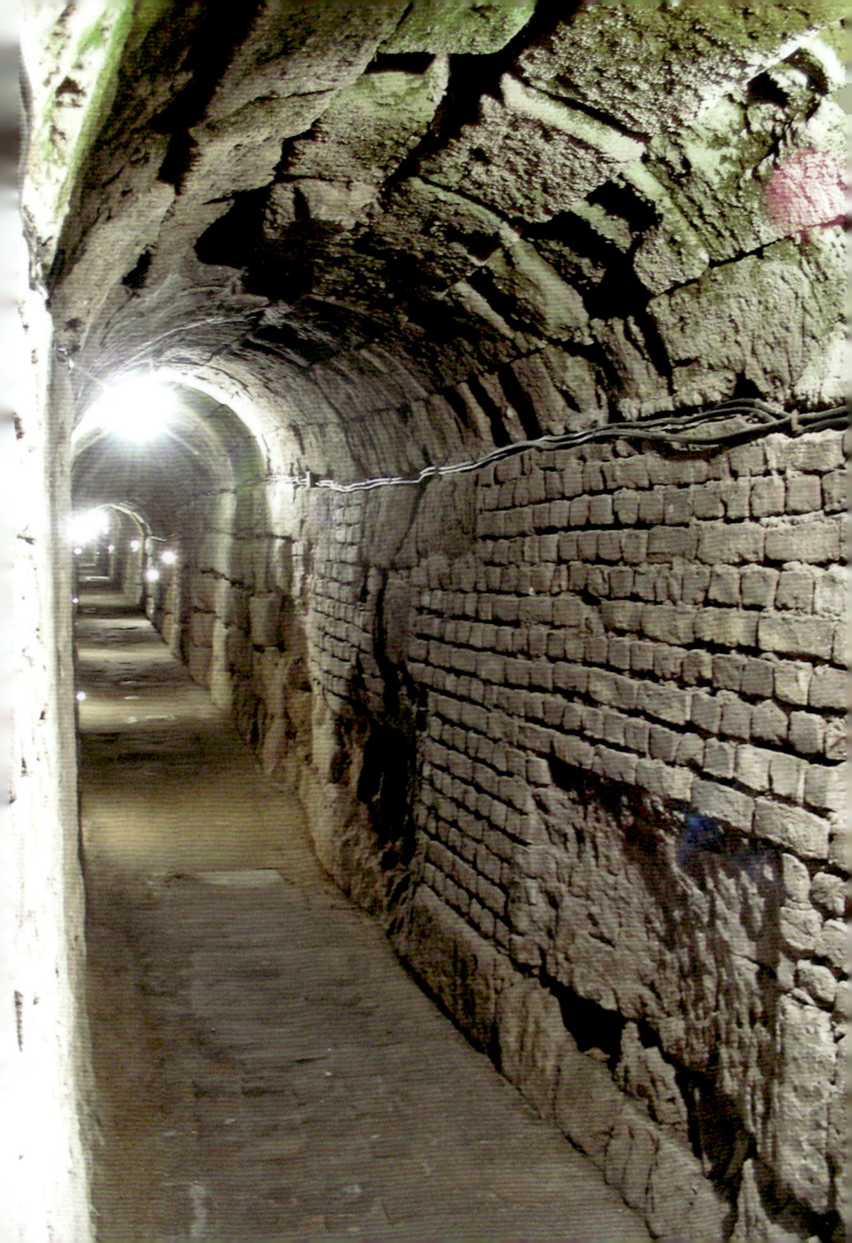

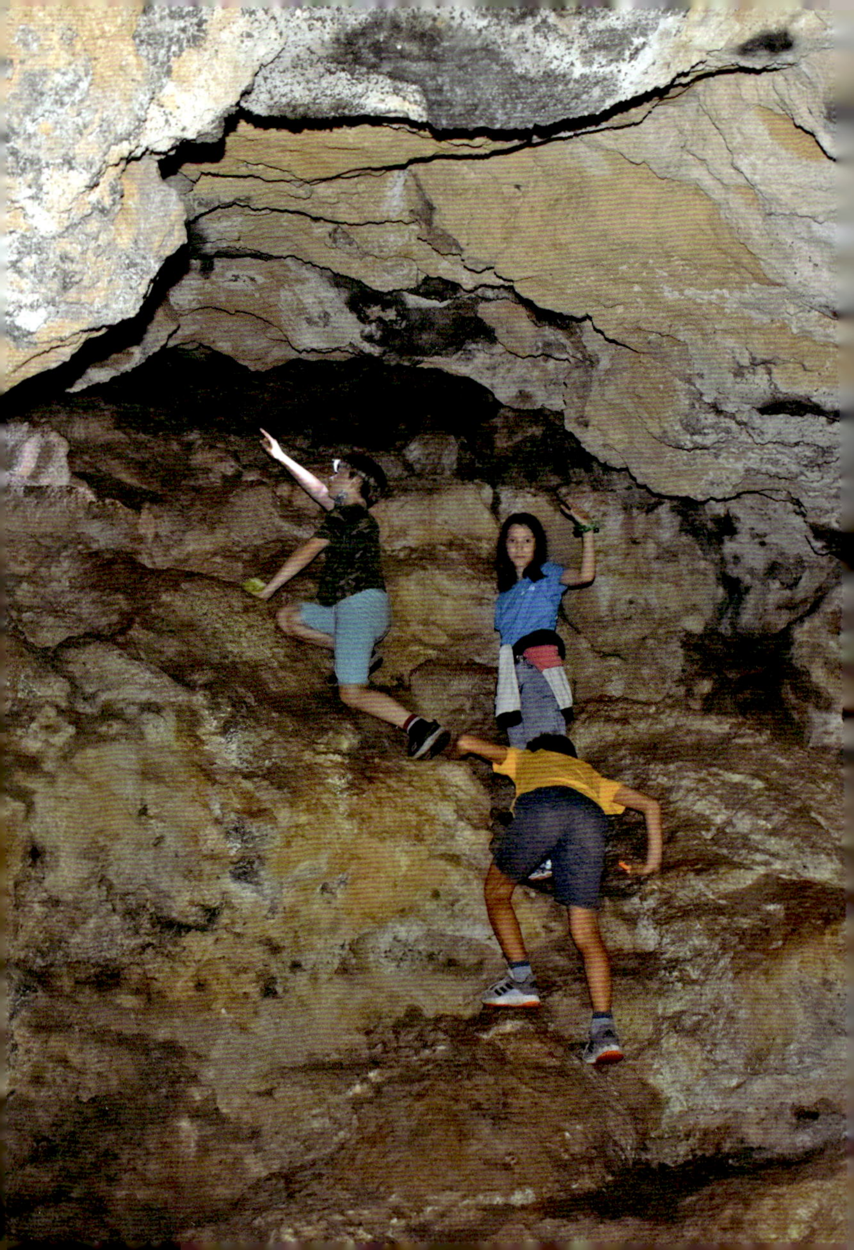

Höhlen erkunden

Bizarre Tropfsteine, geheimnisvolle Nischen oder kalte Luftzüge machen jeden Besuch in einer Höhle zu einem Abenteuer.

Manchmal fühlt es sich sogar wie eine kleine Zeitreise an. Lebte hier vor 100 Jahren ein Einsiedler? Wurde hier vor 400 Jahren Schiefer abgebaut oder entstanden die Höhlen, als hier vor 800 Jahren Mühlsteine gebrochen wurden? Manche Höhlen sind noch viel älter und dienten schon den Höhlenbären und Urzeitmenschen als Zuhause.

Ob Minihöhle oder Höhlensystem – in den meisten Höhlen ist es das ganze Jahr über gleichbleibend kühl bei 4-9° C. Das fühlt sich im Winter fast schon warm an, aber im Sommer braucht ihr in jedem Fall eine Jacke.

Beim Besuch in einer Tropfsteinhöhle könnt ihr punkten, wenn ihr die Namen der Tropfsteine kennt: Stalaktiten hängen oben an der Decke, Stalagmiten bauen sich unten am Boden auf und wenn sie zusammenwachsen, heißen sie Stalagnat.

- ☺ Besucht eine Schauhöhle mit Besucherführung.
- ☺ Erkundet eine kleine Höhle ohne Guide.
- ☺ Caving: Erforscht mit einem Guide eine Höhle, in der ihr klettern und kriechen müsst.

Abenteuerlustige: alle in der Familie, sogar Babys in der Bauchtrage
Zeit: einige Minuten bis mehrere Stunden
Ausrüstung: Zieht bequeme Kleidung und feste Schuhe an, die nass und schmutzig werden dürfen. Wenn ihr auf eigene Faust loszieht, sind Taschenlampen und Stirnleuchten wichtig. Bei einer Tour mit einem Höhlenforscher (= Caving) bekommt ihr Helme und Leuchten.
Tipps & Tricks: Wenn ihr so tief in der Höhle seid, dass ihr den Eingang nicht mehr seht, macht alle das Licht aus und verhaltet euch ganz still. Habt ihr schon einmal eine solch schwarze Dunkelheit erlebt?
Vorsicht: Bitte keine Alleingänge in Höhlensysteme oder mit Wasser gefüllte Höhlen!
Ideen für das nächste Abenteuer: stillgelegte Bergwerke, Bunkerbesichtigung